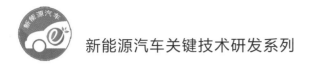

新能源汽车关键技术研发系列

U0094111

轮毂电机
分布式驱动控制技术

Distributed Drive
Control Technology of Hub Motor

朱绍鹏　吕超　著

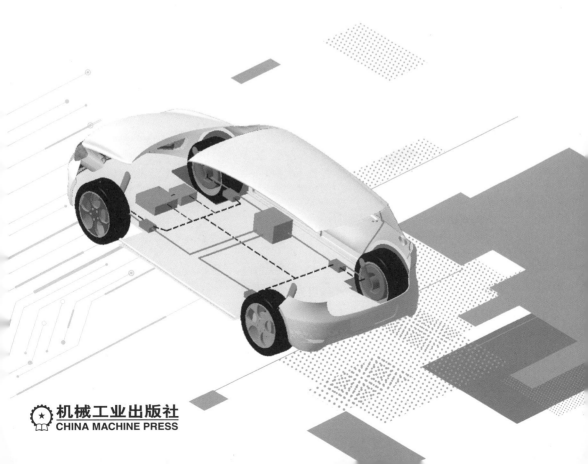

机械工业出版社
CHINA MACHINE PRESS

本书根据著者的研究成果和工程实践，从轮毂电机分布式驱动控制导论开始，系统完整地介绍了轮毂电机及分布式驱动控制两大核心技术，详细讲述了分布式驱动控制策略的设计基础、车辆状态参数估算及动力学建模，系统阐述了分布式驱动及分布式制动的具体控制策略设计方法，还介绍了轮毂电机优缺点、轮毂电机建模仿真、轮毂电机控制技术和差动转向控制技术，以及分布式驱动控制软件和硬件在环测试技术，最后介绍了基于分布式驱动车辆的相关智能驾驶技术。

本书适合新能源汽车相关企业研发人员，大专院校、科研院所的车辆工程、电气工程等专业的研究生及教师参考阅读。

图书在版编目（CIP）数据

轮毂电机分布式驱动控制技术/朱绍鹏，吕超著.
—北京：机械工业出版社，2022.5
（新能源汽车关键技术研发系列）
ISBN 978-7-111-70543-7

Ⅰ．①轮⋯ Ⅱ．①朱⋯ ②吕⋯ Ⅲ．①新能源—汽车—电机—控制
Ⅳ．①U469.703

中国版本图书馆CIP数据核字（2022）第059439号

机械工业出版社（北京市百万庄大街22号　邮政编码100037）

策划编辑：何士娟　　　　　　责任编辑：何士娟
责任校对：郑　婕　李　婷　　封面设计：张　静
责任印制：郜　敏

三河市骏杰印刷有限公司印刷

2022年7月第1版第1次印刷
169mm×239mm · 11.5印张 · 6插页 · 197千字
标准书号：ISBN 978-7-111-70543-7
定价：108.00元

电话服务　　　　　　　　　网络服务
客服电话：010-88361066　　机 工 官 网：www.cmpbook.com
　　　　　010-88379833　　机 工 官 博：weibo.com/cmp1952
　　　　　010-68326294　　金 书 网：www.golden-book.com
封底无防伪标均为盗版　　机工教育服务网：www.cmpedu.com

序

汽车百年历史长河中，轮毂电机分布式驱动技术早在 19 世纪末就诞生了。一百多年中，对这项技术的探索创新从未停止过。轮毂电机分布式驱动是纯电驱动的终极形式，是智能汽车的天然优质载体，更是目前很多企业的研发热点，急需培养具备轮毂电机及分布式驱动控制相关理论知识的研发人才。

《轮毂电机分布式驱动控制技术》填补了该领域专著的空白，有助于为新能源汽车产业培养更多电驱动前沿技术专业人才。两位著者一直致力于轮毂电机分布式驱动控制技术的研发创新、推广应用，深耕十余年，砥砺奋进。希望此书出版之后，能进一步加快轮毂电机分布式驱动控制技术产业化步伐。

当前，全球汽车产业正处于百年未有之大变局，产业形态正在重构；新的技术革命推动着汽车产业朝向低碳化、数字化、电动化、智能化方向转型。毫无疑问，中国汽车产业在电动化转型方面具有先发优势。但是，要持续保持这种优势，还需进一步抢占技术革命的战略制高点，强化基础性技术研究，加强前沿性技术攻关，并不断实现核心技术的突破。轮毂电机技术，是中国汽车工程学会发布的汽车产业前沿性技术之一。经过多年努力，我国在这个方向上已经有了相当的基础，我们需要聚焦这个方向，协同创新，融合发展，需要产学研深度合作。因此，这本书的推出，恰逢其时。

这本书内容饱满，信息量大，覆盖从轮毂电机分布式驱动控制导论到轮毂电机驱动车辆动力学建模及状态参数估算；从分布式驱动车辆驱动控制设计到分布式驱动车辆制动控制设计；从分布式驱动车辆差动转向技术到分布式驱动控制仿真验证及实车试验；从分布式驱动控制硬件在环测试到轮毂电机分布式驱动控制技术展望等。这些基础性的知识，对于从事这个领域的工程技术人员具有很强的指导性和可读性。

前　言

2020 年发布的《节能与新能源汽车技术路线图 2.0》明确指出未来 15 年轮毂电机总成是电驱动系统的发展重点。轮毂电机驱动是纯电驱动的终极形式，新能源汽车业界权威会议"世界新能源汽车大会"自 2019 年第一届开始，连续3 年都把轮毂电机分布式驱动控制相关技术评选为前沿技术：分布式电驱动系统技术（2019 年）、扇形模组轴向磁场轮毂电机技术（2020 年）、高转矩密度重载电动轮系统关键技术（2021 年）。另外，相较普通单电机驱动车辆，轮毂电机驱动车辆会大大降低碳排放，有助于我国"双碳"目标的实现。

目前，该技术已经不仅仅是学术界的研究焦点，更是很多企业的研发热点，急需培养具备轮毂电机及分布式驱动控制相关理论知识的研发人才。

然而，目前国内几乎没有针对轮毂电机分布式驱动控制技术的专著，无法顺利开展相关人才培养。本书填补了该领域的空白，系统地介绍了轮毂电机及分布式驱动控制两大核心技术，并按照基础理论讲解、控制策略设计、仿真建模分析、工程测试验证对轮毂电机分布式驱动控制技术进行了系统阐述。

本书最大特色是理论与实践紧密结合。著者浙江大学朱绍鹏专注于分布式驱动控制十余年，研发的分布式驱动控制系统已经应用在各地轮边电机驱动公交车上；著者天海集团吕超有长达近十年的轮毂电机海外并购、技术引进、产品研发和生产的丰富经验。

本书全面覆盖电机驱动、车辆动力学、整车控制等相关知识点，编写逻辑清晰，深入浅出，容易理解。本书根据著者的研究成果和工程实践，从轮毂电机分布式驱动控制导论开始，系统完整地介绍了轮毂电机驱动车辆动力学建模及状态参数估算、分布式驱动车辆驱动控制设计、分布式驱动车辆制动控制设计、分布式驱动车辆差动转向技术、分布式驱动控制仿真验证及实车试验、分布式驱动控制硬件在环测试，最后展望了轮毂电机分布式驱动控制技术。

最后，衷心感谢关心支持轮毂电机分布式驱动控制技术的所有领导、前辈、同仁们。由于作者水平有限，书中难免会有疏漏和不妥之处，欢迎读者批评指正。

著　者

目　录

Chapter 1

第 1 章
轮毂电机分布式驱动控制导论

1.1　轮毂电机分布式驱动概述

轮毂电机分布式驱动是相对于单一驱动源（一个发动机或者一个电机）集中式驱动而言，世界上第一台轮毂电机分布式驱动车辆诞生于 1900 年。

费迪南德·保时捷在 1900 年巴黎世博会上发布了"Lohner-Porsche"，一辆前轮装有轮毂电机分布式驱动，外形酷似马车的两座电动汽车。这一切源于费迪南德·保时捷发明了轮毂电机，并于 1897 年申请了专利。"Lohner-Porsche"使用了大量铅酸蓄电池，车辆过于笨重，而且续驶里程短，1900 年秋天被加装了两台单缸发动机分别驱动两台发电机发电，改造成了世界上第一台混合动力汽车。

20 世纪 70 年代，轮毂电机分布式驱动技术在矿山运输车、航天月球车等领域得到应用。1971 年，阿波罗 15 号月球车就采用了 4 个轮毂电机分布式驱动的方案。

2000 年之后，国内外知名整车厂、零部件供应商、科研院所都纷纷开展了轮毂电机分布式驱动控制相关的研发工作。目前虽然研发了不少轮毂电机分布式驱动的试验样车及概念车型，但在乘用车领域并没实现大规模量产。在商用车领域，大功率轮毂电机被应用到欧洲多个国家的大型客车、公交车上实际运营（图 1-1）。

图 1-1   欧洲实际运营的大功率轮毂电机后驱公交车

　　轮毂电机分布式驱动技术是未来车辆电驱动系统的必然发展方向，是实现智能化、模块化、标准化动力底盘的必然选择。随着车辆智能化、新能源化不断发展，电驱动系统的智能化、集成化、模块化程度会越来越高（图 1-2）。从最早的电机、驱动控制器、减速器分体式驱动单元，过渡到"三合一"物理集成单元，目前已经逐步达到电机、减速器共轴、共控制的集成式驱动单元，最终通过轮毂电机完成驱动与制动的智能化集成，实现智能底盘标准化集成。

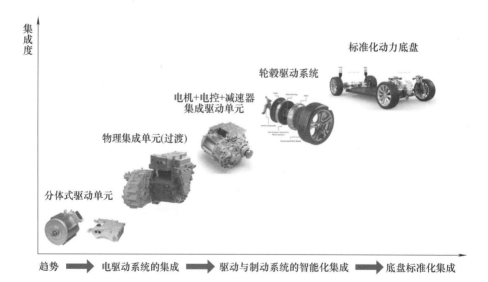

图 1-2   电驱动系统智能化集成发展趋势

　　另外，我国于 2016 年发布《节能与新能源汽车技术路线图 1.0》，在"纯电动与插电式混合动力汽车技术创新要求"中明确将"分布式驱动控制技术"列为基础前瞻研究；2020 年发布的《节能与新能源汽车技术路线图 2.0》中，在

"新能源汽车电驱动系统总体技术路线图"中把轮毂电机总成作为未来研发重点。在 2019 年、2020 年、2021 年召开的世界新能源汽车大会上，分布式电驱动系统技术、扇形模组轴向磁场轮毂电机技术、高转矩密度重载电动轮系统关键技术，分别入选具有前瞻性、先导性和探索性的前沿技术。

2015 年开始，中国企业通过海外并购的形式，逐步接触并熟悉世界上最先进的轮毂电机技术：

1）浙江亚太机电股份有限公司，2015 年以 1000 万欧元增资先进乘用车轮毂电机公司斯洛文尼亚 Elaphe。

2）天津天海同步集团有限公司，2015 年投资先进乘用车轮毂电机公司英国 Protean；2016 年又成立湖北泰特机电有限公司，以 5500 万欧元收购了先进商用车轮毂电机公司荷兰 e-Traction。

3）浙江万安科技股份有限公司，2016 年以 2000 万美元参投先进乘用车轮毂电机公司英国 Protean。

进入 21 世纪以来，伴随着汽车电动化、智能化、网联化变革性转型升级，轮毂电机分布式驱动技术这项起源于 100 多年前的"黑科技"也焕发出新的活力与生机。100 多年尚未解决的车辆多种复杂行驶工况下轮毂电机的可靠性，分布式驱动控制的鲁棒性，与现有制动、转向、车身稳定等系统的兼容性等技术难题，将在其逐步被智能化新能源汽车应用中被不断攻克。电动商用车领域很可能率先打破"鸡生蛋、蛋生鸡"死锁，实现大功率轮毂电机分布式驱动技术大规模应用。

 ## 1.2　分布式驱动控制定义及系统构成

分布式驱动控制与驱动源种类无关，但是与独立的驱动源个数有关。"分布式"驱动是针对采用单一驱动源（发动机或电机等）的"集中式"驱动而言，指对独立驱动源 >1 的动力系统进行驱动力控制分配。

分布式四驱系统很容易与传统发动机 / 电机集中式驱动车辆上的"四驱"系统混淆，虽然两者都实现了 4 个车轮驱动力分配，但是传统全时 / 分时四驱系统是通过增长传动链来实现四驱功能的（图 1-3），而分布式四驱大大缩短简化了传动链（图 1-4）。

传统集中式四驱系统由于只有一个独立驱动源，会通过增加中央差速器或分动箱、前轴差速器、后轴差速器等机械传动部件来实现 4 个车轮的驱动力分配，这就降低了传动效率，增加了车重和耗油量。

　　轮毂电机分布式四驱系统由电机直接驱动车轮，省去了变速器、传动轴、差速器、半轴等大量传动零部件，提高了驱动系统效率，且易实现整车轻量化。轮毂电机分布式四驱系统主要由分布式驱动控制器和 4 个轮毂电机驱动单元组成。分布式驱动控制器通过 CAN 通信从整车控制器（VCU）中获得加速踏板行程、电机转速、方向盘转角、横摆角速度等信号，经过设计的分布式驱动控制策略计算分析，分布式驱动控制器输出电机转矩控制指令给 4 个轮毂电机驱动控制器，实现实时控制 4 个轮毂电机转矩（图 1-5）。

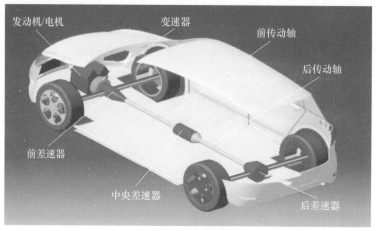

a) 传统全时四驱系统

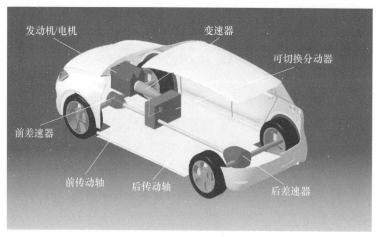

b) 传统分时四驱系统

图 1-3　传统集中式四驱系统结构

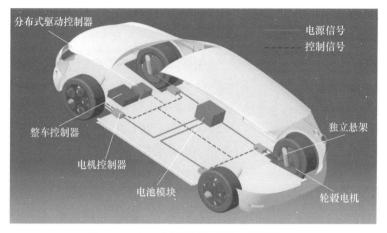

图 1-4 分布式四驱系统结构（见彩插）

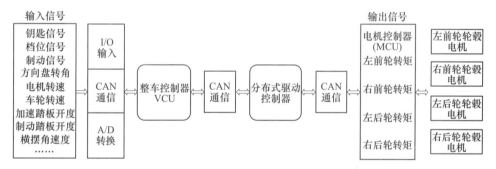

图 1-5 分布式四驱控制器输入输出信号

1.3 轮毂电机分布式驱动控制功能

相比传统汽车的单一集中式驱动，轮毂电机分布式驱动电动汽车具有以下优势：

1）省去了变速器、传动轴、差速器乃至分动器等机械部件，缩短了传动链，提高了效率（传动效率、驱动效率、制动能量回收效率等），减轻了车重，减少对乘员舱空间的挤占，可实现模块化全平低底盘设计。

2）提高了车辆动力性，简单线控实现四驱、前驱、后驱等多种驱动形式。

3）提高了车辆动力学性能，各电机转矩独立可控，控制精准且响应快；通过协调控制各电机转矩，可实现电子差速、驱动防滑、制动防抱死等动力学控制功能。

4）智能驾驶天然优质载体，电机控制响应是发动机的十几倍，多个轮毂电机形成的执行冗余，可以保证智能驾驶更高效、更安全。

基于以上优点，轮毂电机分布式驱动控制系统在车辆驱动时主要包含 4 个功能：基本驱动力分配、电子差速、驱动防滑和车身稳定控制。

首先，轮毂电机分布式驱动控制系统必须具备根据加速踏板信号制定总驱动力，并依据方向盘转角信号，把总驱动力分配给各轮毂电机，实现驾驶员加速、直行、转向等驾驶意图。

其次，采用轮毂电机去掉了机械差速器，分布式控制系统必须依据行驶工况实时调节各轮毂电机的转矩，实现电子差速。机械差速器是差速不差力，通过轮毂电机分布式驱动控制不仅可以实现电子差速，还可以实现电子差力。

另外，可以精准控制每个轮毂电机的转矩，对每个驱动轮实施驱动防滑控制。基于直接横摆力矩控制原理，可以通过协调控制各轮毂电机转矩，满足期望横摆力矩约束，在保持动力性的同时提高车身稳定性。

采用轮毂电机，既实现了分布式电驱动，又实现了分布式电制动。轮毂电机分布式电制动主要包含 4 个功能：基本电制动力分配、分布式制动能量回收、制动防抱死和车身稳定控制。

基本电制动力分配功能，要考虑与机械制动力的复合制动，两者叠加之后要满足总制动力需求及驾驶员制动意图。轮毂电机电制动同时还要进行多个电机的分布式制动能量回收，以回收更多的电能。同样，通过调节各轮毂电机的电制动力，可以单独或者与机械制动力一起完成制动防抱死、车身稳定控制等功能，提高制动工况下车辆的制动稳定性及安全性。

Chapter 2

第 2 章

轮毂电机驱动车辆动力学建模及状态参数估算

分布式驱动控制的本质是车辆动力学控制，依据不同的控制目标需要建立不同自由度的车辆模型进行动力学分析。另外，各车轮驱动力协调控制分配是分布式驱动控制的核心，需要大量的状态及参数输入，因此需要对分布式驱动车辆的状态及参数进行估算。作为分布式驱动控制的执行单元，轮毂电机也需要进行建模分析及参数估算。

2.1 状态参数估算对分布式驱动控制设计的影响分析

实现轮毂电机分布式驱动精准控制需要大量的状态及参数输入，因此需要设计分布式驱动车辆状态及参数估算模块。驱动力协调分配及车辆状态参数估算两者结构复杂，涉及各类耦合的信息，因此多采用分层多模块的结构设计控制系统，使各部分功能明确，整体结构清晰，易于开发和维护。基于状态参数估算的分布式驱动控制策略总体框架如图 2-1 所示。

分布式驱动控制总体框架分为两层，第一层为状态参数观测层，仅包含车辆状态参数估算模块，采集来自"人 - 车系统"的驱动电机的反馈驱动转矩 T_i、

轮速 ω_i 和车载惯性传感器的输出纵向加速度 A_x、侧向加速度 A_y、横摆角速度 ω 等信息作为模块输入，进行信息融合，输出整车质量 M、纵向车速 V_x、侧向车速 V_y、横摆角速度 ω、质心侧偏角 β 等。第二层为驱动力协调控制分配层，包含期望横摆力矩和总驱动力制定模块、驱动力分配模块及驱动防滑模块。期望横摆力矩和总驱动力制定模块以驾驶员操作的加速踏板开度 k_{pd}、方向盘转角 δ 和估算模块得出的纵向车速 V_x、质心侧偏角 β 等作为输入，通过对控制目标横摆角速度及质心侧偏角的期望值和实际值的误差进行模糊控制等，制定整车期望横摆力矩及总驱动力。驱动力分配模块将整车期望横摆力矩及总驱动力控制需求通过各类约束条件和分配方法转换为四轮的独立需求转矩。驱动防滑模块以纵向车速 V_x 和轮速 ω_i 为输入，以控制车轮滑移率为目标，最终确定各轮需求转矩 T'_{id}，将控制指令传达至轮毂电机进行执行。

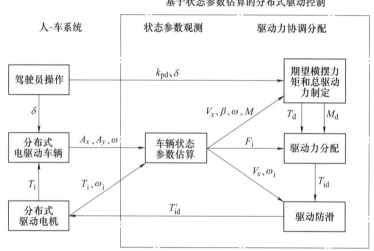

图 2-1　基于状态参数估算的分布式驱动控制策略总体框架

　　从以上分析可以看出，分布式电驱动车辆的状态及参数估算至关重要，是分布式驱动控制的基础。利用轮毂电机可以快速准确地反馈转矩和转速的特点，结合惯性传感器和驾驶信息传感器对车辆状态进行估算。分布式驱动状态参数估算模块设计如图 2-2 所示。首先，将各来源的信息进行信号处理，这些信号包括惯性传感器提供的纵向加速度 A_x、侧向加速度 A_y 和横摆角速度 ω，驾驶员操作信息传感器提供的方向盘转角 δ，驱动电机反馈得到的转矩 T_i 和轮速 ω_i。其次，以转矩、纵向加速度等作为输入，估计得到整车质量 M 和

路面坡度 α。最后，以得到的整车质量作为基础，以纵向加速度、横摆角速度等作为输入，估计得到纵向车速、侧向车速、质心侧偏角等，输入驱动力协调分配层。

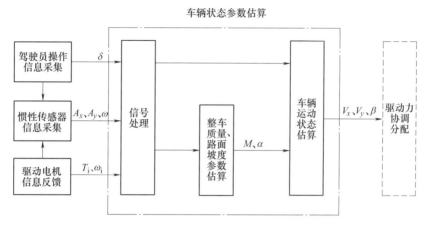

图 2-2 分布式驱动状态参数估算模块设计

设计状态参数估算模块，首先需要对分布式驱动车辆进行动力学分析，建立车辆动力学模型。汽车是一个非常复杂的非线性多自由度系统，其在运动过程中参数和状态是很难准确分析的，因此很难建立完全还原汽车系统状态的动力学模型。此外，分布式驱动由于驱动单元的增多，拥有更多的自由度，车辆模型更加复杂。建立复杂的多自由度车辆模型可以尽可能地还原汽车系统状态，但是复杂度越高，计算精度的提升越不成比例，反而导致计算复杂度大幅上升。因此需要在计算精度和复杂度上做出权衡，建立更能体现所需状态量和参数特性的动力学模型，在保证一定精度的情况下尽可能简化模型的复杂度。

2.2 分布式驱动车辆动力学模型

2.2.1 驱动动力学模型

根据受力分析，汽车在行驶中会受到 4 个轮毂电机产生的驱动力、空气阻力、道路阻力（坡道阻力和滚动阻力之和）以及加速阻力的共同作用。车辆驱动受力示意图如图 2-3 所示。

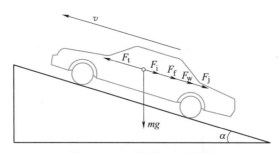

图 2-3　车辆驱动受力示意图

对所有作用力进行分析，得到行驶过程中的平衡方程式：

$$F_t = F_w + F_i + F_f + F_j \tag{2-1}$$

式中，F_t 为由 4 个轮毂电机产生的驱动力，其由轮毂电机产生转矩传递至驱动轮产生作用；F_w 为车辆行驶中受到由车辆纵向运动产生的空气阻力；F_i 为车辆行驶中受到的坡道阻力；F_f 为车辆行驶中受到的滚动阻力，该阻力是由克服轮胎的弹性迟滞带来的损失形成的；F_j 为车辆行驶中受到的加速阻力。

其中，

$$F_t = \frac{\sum_{i=1}^{4} T_i}{r} \tag{2-2}$$

$$F_w = \frac{C_D A v^2}{21.15} \tag{2-3}$$

$$F_i = mg\sin\alpha \tag{2-4}$$

$$F_f = mgf_r\cos\alpha \tag{2-5}$$

$$F_j = \sigma m\frac{\mathrm{d}v}{\mathrm{d}t} \tag{2-6}$$

式（2-2）～式（2-6）中，T_i 为各轮毂电机输出的转矩；r 为驱动轮滚动半径；C_D 为空气阻力系数；A 为车辆纵向迎风面积，单位为 m²；v 为车辆纵向车速，单位为 km/h；m 为整车质量，单位为 kg；g 为重力加速度；α 为当前坡道的角度；f_r 为行驶阻力系数，该系数受到车速、轮胎的类型及材料、气压的影响；σ 为车辆旋转质量换算系数，该系数大于 1，数值受车轮转动惯量、轮毂电机转动惯量的影响。

将式（2-2）～式（2-6）分别代入式（2-1），可以得到：

$$\frac{\sum_{i=1}^{4} T_i}{r} = \frac{C_D A v^2}{21.15} + mg\sin\alpha + mgf_r\cos\alpha + \sigma m\frac{\mathrm{d}v}{\mathrm{d}t} \tag{2-7}$$

可以把式（2-7）变形为

$$\frac{\mathrm{d}v}{\mathrm{d}t} = \left(\frac{\sum_{i=1}^{4} T_i}{r\sigma} - \frac{C_\mathrm{D}Av^2}{21.15\sigma} \right) \frac{1}{m} - \frac{g}{\sigma}\left(\sin\alpha + f_\mathrm{r}\cos\alpha\right) \tag{2-8}$$

将式（2-8）整理成输入量、输出量及待识别参数的关系式：

$$y = \boldsymbol{\phi}^\mathrm{T}\boldsymbol{\theta} \tag{2-9}$$

其中，系统输出变量 y 为

$$y = \frac{\mathrm{d}v}{\mathrm{d}t} \tag{2-10}$$

系统输入变量 $\boldsymbol{\phi}^\mathrm{T}$ 为

$$\boldsymbol{\phi}^\mathrm{T} = \left[\frac{\sum_{i=1}^{4} T_i}{r\sigma} - \frac{C_\mathrm{D}Av^2}{21.15\sigma}, -\frac{g}{\sigma} \right] \tag{2-11}$$

系统待识别的参数 $\boldsymbol{\theta}$ 为

$$\boldsymbol{\theta} = \left[\frac{1}{m}, \sin\alpha + f_\mathrm{r}\cos\alpha \right] \tag{2-12}$$

2.2.2　制动动力学模型

当进入制动阶段，根据受力分析，汽车在行驶中会受到制动力、空气阻力及道路阻力（坡道阻力和滚动阻力之和）的共同作用。车辆制动受力示意图如图 2-4 所示。

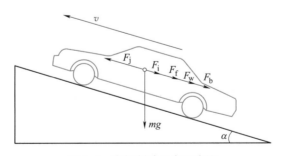

图 2-4　车辆制动受力示意图

分析可得：

$$F_\mathrm{j} = F_\mathrm{w} + F_\mathrm{i} + F_\mathrm{f} + F_\mathrm{b} \tag{2-13}$$

将各部分力的具体公式即式（2-3）～式（2-6）分别代入式（2-13），可得

$$-\sigma m\frac{\mathrm{d}v}{\mathrm{d}t} = \frac{C_\mathrm{D}Av^2}{21.15} + mg\sin\alpha + mgf_\mathrm{r}\cos\alpha + F_\mathrm{b} \qquad (2\text{-}14)$$

变形得到：

$$\frac{\mathrm{d}v}{\mathrm{d}t} = \left(-\frac{F_\mathrm{b}}{\sigma} - \frac{C_\mathrm{D}Av^2}{21.15\sigma}\right)\frac{1}{m} - \frac{g}{\sigma}\left(\sin\alpha + f_\mathrm{r}\cos\alpha\right) \qquad (2\text{-}15)$$

其中系统输出变量 y 为

$$y = \frac{\mathrm{d}v}{\mathrm{d}t} \qquad (2\text{-}16)$$

系统输入变量 $\boldsymbol{\phi}^\mathrm{T}$ 为

$$\boldsymbol{\phi}^\mathrm{T} = \left[-\frac{F_\mathrm{b}}{\sigma} - \frac{C_\mathrm{D}Av^2}{21.15\sigma}, -\frac{g}{\sigma}\right] \qquad (2\text{-}17)$$

系统待识别参数 $\boldsymbol{\theta}$ 为

$$\boldsymbol{\theta} = \left[\frac{1}{m}, \sin\alpha + f_\mathrm{r}\cos\alpha\right] \qquad (2\text{-}18)$$

2.2.3　二自由度车辆模型

二自由度车辆模型又被称为自行车模型或者两轮摩托车模型，如图 2-5 所示。二自由度车辆模型不具备纵向自由度，只具有侧向运动及横摆运动两个自由度。基于稳定性的分布式驱动控制策略设计时的重要控制变量横摆角速度和质心侧偏角，都可以利用二自由度车辆模型进行估算。二自由度模型的一般使用范围为轮胎侧偏特性处于线性范围内，车辆侧向加速度不超过 0.4g。

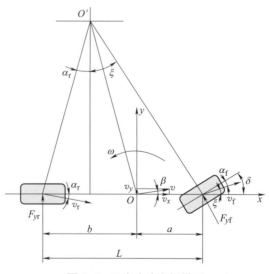

图 2-5　二自由度车辆模型

由二自由度车辆模型可知，二自由度车辆受到的总侧向力和横摆力矩如下：

$$\sum F_y = F_{y\mathrm{f}}\cos\delta + F_{y\mathrm{r}} \qquad (2\text{-}19)$$

$$\sum M_z = aF_{y\mathrm{f}}\cos\delta - bF_{y\mathrm{r}} \qquad (2\text{-}20)$$

考虑前轮平均转角 δ 很小，式（2-19）、式（2-20）可以写成：

$$\sum F_y = K_f \alpha_f + K_r \alpha_r \tag{2-21}$$

$$\sum M_z = aK_f \alpha_f - bK_f \alpha_f \tag{2-22}$$

式中，K_f、K_r 分别为前后轴轮胎侧偏刚度；α_f、α_r 分别为前后轴轮胎侧偏角。

为了求得前后轴轮胎侧偏角，引入质心侧偏角 β 和夹角 ξ（前轴轮速 v_f 和 X 轴的夹角）：

$$\beta \approx \tan \beta = \frac{v_y}{v_x} \tag{2-23}$$

$$\xi \approx \tan \xi = \frac{v_y + a\omega}{v_x} = \beta + \frac{a\omega}{v_x} \tag{2-24}$$

前后轴轮胎侧偏角：

$$\alpha_f = -(\delta - \xi) = \beta + \frac{a\omega}{v_x} - \delta \tag{2-25}$$

$$\alpha_r = \frac{v_y - b\omega}{v_x} = \beta - \frac{b\omega}{v_x} \tag{2-26}$$

综上所述，把式（2-25）、式（2-26）代入式（2-21）、式（2-22），可以列出整车侧向力、横摆力矩与车辆运动参数的关系式：

$$\sum F_y = K_f \left(\beta + \frac{a\omega}{v} - \delta \right) + K_r \left(\beta - \frac{b\omega}{v} \right) \tag{2-27}$$

$$\sum M_z = aK_f \left(\beta + \frac{a\omega}{v} - \delta \right) - bK_r \left(\beta - \frac{b\omega}{v} \right) \tag{2-28}$$

整理后得到二自由度车辆运动微分方程：

$$(K_f + K_r)\beta + \frac{1}{v}(aK_f - bK_r)\omega - K_f\delta = m(\dot{v} + v\omega) \tag{2-29}$$

$$(aK_f - bK_r)\beta + \frac{1}{v}(a^2 K_f - b^2 K_r)\omega - aK_f\delta = I_z\dot{\omega} \tag{2-30}$$

从式（2-29）和式（2-30）可以看出，汽车的横摆、侧向运动与前后轮的侧偏刚度、纵向车速、质心位置、前轮转角和整车质量有关。这个二自由度车辆运动微分方程虽然简单，但是能很好地反映车辆转向运动的基本特性。其中，纵向车速、前轮转角是驾驶员控制的，所谓转弯时减速慢行就是防止由于侧向加速度过大导致侧滑、侧偏甚至侧翻。整车质量、质心位置、前后轮侧偏刚度是车辆的固有特性，是工程师在设计车辆时应该考虑的，一般可以通过稳定性因子 K 来确定车辆稳定性。

$$K = \frac{m}{L^2}\left(\frac{a}{K_r} - \frac{b}{K_f}\right) \tag{2-31}$$

$K>0$ 时，车辆具有不足转向特性，横摆角速度可控；$K<0$ 时，车辆具有过度转向特性，超过一定车速车辆将失稳；$K=0$ 时，车辆具有中性转向特性。

2.2.4　三自由度车辆侧倾模型

车辆的侧倾状态一般难以通过测量直接获取，为了准确识别车辆的侧倾状态，建立三自由度车辆侧倾模型（图 2-6），即在二自由度车辆模型上追加了侧倾运动。相对于分布式驱动乘用车，侧倾运动对分布式驱动商用车的驱动控制策略设计影响更大。简化模型需要做出如下假设：

1）假设车辆纵向车速保持恒定。

2）假设车辆处于平坦、干燥的沥青路面上。

3）当车辆发生侧倾时，车辆质心位置保持不变。

4）车辆轮胎处于线性区间。

5）忽略空气阻力对车辆的影响。

车辆沿 y 轴方向的侧向动力学方程可以表示为

$$ma_y - me\ddot{\varphi} = F_{yf}\cos\delta + F_{yr} \tag{2-32}$$

车辆绕 z 轴的横摆动力学方程可以表示为

$$I_z\dot{\omega} = aF_{yf}\cos\delta - bF_{yr} \tag{2-33}$$

车辆绕 x 轴的侧倾动力学方程可以表示为

$$I_x\ddot{\varphi} + C_\varphi\dot{\varphi} + K_\varphi\varphi = mge\sin\varphi + ma_ye\cos\varphi \tag{2-34}$$

$$a_y = \dot{v}_y + v_x\dot{\omega} \tag{2-35}$$

$$F_{yf} = K_f\alpha_f \tag{2-36}$$

$$F_{yr} = K_r\alpha_r \tag{2-37}$$

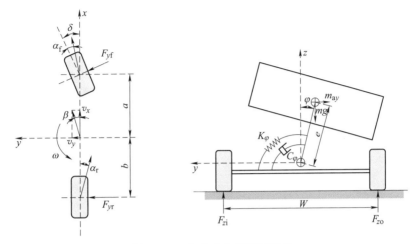

图 2-6 三自由度车辆侧倾模型

由于车辆纵向速度保持不变，且前轮转角和侧倾角较小，可以做出如下简化：

$$\begin{cases} \cos\delta \approx 1 \\ \sin\varphi \approx \varphi \\ \cos\varphi \approx 1 \end{cases} \qquad (2-38)$$

$$\beta \approx \tan\beta = \frac{v_y}{v_x} \qquad (2-39)$$

$$\alpha_\mathrm{f} \approx \delta - \beta - \frac{a\omega}{v_x} \qquad (2-40)$$

$$\alpha_\mathrm{r} \approx \frac{b\omega}{v_x} - \beta \qquad (2-41)$$

式（2-32）～式（2-41）中，m 为车辆簧上质量；a_y 为侧向加速度；e 为车辆质心到侧倾中心的距离；φ 为侧倾角；F_{yf} 和 F_{yr} 分别为车辆前、后轴轮胎受到的来自地面的侧向作用力；δ 为前轮转角；I_z 为绕 z 轴的转动惯量；ω 为横摆角速度；a 为前轴到质心的距离；b 为后轴到质心的距离；K_φ 为车身侧倾刚度；C_φ 为侧倾阻尼系数；K_f 和 K_r 分别为前、后轴轮胎的侧倾刚度；α_f 和 α_r 分别为前、后轴轮胎的侧偏角；v_x 和 v_y 分别为车辆纵向车速和侧向车速；β 为质心侧偏角。

将式（2-32）～式（2-41）整理成状态空间方程，可得

$$\dot{\boldsymbol{X}} = \boldsymbol{A}\boldsymbol{X} + \boldsymbol{B}\delta \qquad (2-42)$$

其中，状态变量 $\boldsymbol{X}$ 的表达式为

$$X = \begin{bmatrix} \beta & \omega & \dot{\varphi} & \varphi \end{bmatrix}^{\mathrm{T}} \tag{2-43}$$

矩阵 A 的表达式为

$$A = \begin{bmatrix} -\dfrac{K_{\mathrm{f}} + K_{\mathrm{r}}}{mv_x} & \dfrac{aK_{\mathrm{r}} - bK_{\mathrm{f}}}{mv_x^2} - 1 & -\dfrac{eC_{\varphi}}{I_x v_x} & \dfrac{mge^2 - K_{\varphi}e}{I_x v_x} \\[3mm] \dfrac{aK_{\mathrm{r}} - bK_{\mathrm{f}}}{I_z} & -\dfrac{a^2 K_{\mathrm{f}} + b^2 K_{\mathrm{r}}}{I_z v_x} & 0 & 0 \\[3mm] -\dfrac{(K_{\mathrm{f}} + K_{\mathrm{r}})e}{I_x} & \dfrac{(aK_{\mathrm{r}} - bK_{\mathrm{f}})e}{I_x v_x} & -\dfrac{C_{\varphi}}{I_x} & \dfrac{mge - K_{\varphi}}{I_x} \\[3mm] 0 & 0 & 1 & 0 \end{bmatrix} \tag{2-44}$$

矩阵 B 的表达式为

$$B = \begin{bmatrix} \dfrac{K_{\mathrm{f}}}{mv_x} & \dfrac{aK_{\mathrm{f}}}{I_z} & \dfrac{eK_{\mathrm{f}}}{I_x} & 0 \end{bmatrix}^{\mathrm{T}} \tag{2-45}$$

2.2.5　七自由度车辆四驱模型

七自由度车辆四驱模型，即包括车辆的纵向平移运动、侧向平移运动、绕 z 轴的横摆运动，再加上 4 个车轮各自的旋转运动，如图 2-7 所示。

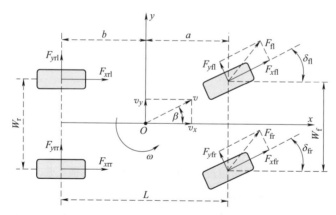

图 2-7　七自由度车辆四驱模型

根据力、力矩平衡原则，可列出七自由度车辆模型在纵向（沿 x 轴）、侧向（沿 y 轴）以及横摆（绕 z 轴）3 个运动维度的动力学方程如下。

纵向（沿 x 轴）运动方程：

$$m(\dot{v}_x - v_y \omega) = F'_{x\mathrm{fl}} + F'_{x\mathrm{fr}} + F'_{x\mathrm{rl}} + F'_{x\mathrm{rr}} \tag{2-46}$$

侧向（沿 y 轴）运动方程：

$$m\left(\dot{v}_y + v_x\omega\right) = F'_{yfl} + F'_{yfr} + F'_{yrl} + F'_{yrr} \tag{2-47}$$

横摆（绕 z 轴）运动方程：

$$J_z\omega = a\left(F'_{yfl} + F'_{yfr}\right) - b\left(F'_{yrl} + F'_{yrr}\right) - \frac{W_f}{2}\left(F'_{xfl} - F'_{xfr}\right) - \frac{W_r}{2}\left(F'_{xrl} - F'_{xrr}\right) \tag{2-48}$$

F'_{xi}、F'_{yi} 与 δ_i 满足如下关系：

$$F'_{xi} = F_{xi}\cos\delta_i - F_{yi}\sin\delta_i \tag{2-49}$$

$$F'_{yi} = F_{xi}\sin\delta_i + F_{yi}\cos\delta_i \tag{2-50}$$

式（2-46）～式（2-50）中，m 为整车质量，取整备质量；v_x 为车辆的纵向（沿 x 轴）速度；v_y 为车辆的侧向（沿 y 轴）速度；ω 为横摆（绕 z 轴）角速度；J_z 为整车绕 z 轴的转动惯量；a 为车辆前轴到质心的距离；b 为车辆后轴到质心的距离；W_f 为前轴的轮距；W_r 为后轴的轮距；F'_{xi}、F'_{yi}（i=fl、fr、rl、rr，依次代表左前、右前、左后及右后车轮）分别为地面对 4 个轮胎的切向反作用力 F_{xi} 和侧向反作用力 F_{yi} 沿车辆纵向 x 轴和横向 y 轴上的投影；δ_i 为轮胎与 x 轴的转向角。

2.2.6　轮胎模型

轮胎是车辆和外界接触的重要部分，承受来自车辆的垂向载荷，传递运动过程中产生的纵向力、侧向力和侧偏转矩对车辆的驱动、制动、转向等运动产生影响，因此准确的轮胎模型所得出的准确的轮胎力对整车动力学分析及分布式驱动控制至关重要。

（1）轮胎模型分类

如图 2-8 所示，轮胎模型根据纵向滑移率、侧偏角、车轮外倾角和轮速等车辆运动参数，计算出轮胎六分力（纵向力、侧向力、法向力、侧倾力矩、滚动阻力矩和回正力矩）。常见的轮胎模型主要分为理论模型、半经验模型、经验模型和自适应模型。

1）理论模型：在简化的轮胎物理模型的基础上建立的对轮胎力学特性的一种数学描述，一般形式较为复杂，模型精度和计算效率较低，如 Fiala 模型、弦模型、Gim 模型等。

2）半经验模型：在理论模型基础上通过满足一定边界条件建立的简洁而精度很高的经验模型，便于在汽车动力学仿真中应用，如 UniTire 模型、SWIFT 模型等。

3）经验模型：根据试验数据和经验建立起来的模型，精度较高，与理论模型相比预测能力较差，如魔术公式模型等。

4）自适应模型：在理论和试验数据的基础上，通过模拟轮胎某些结构和功能，针对不同工况有一定自适应能力的智能模型，具有高效率、高精度的特点，如神经网络轮胎模型、基于遗传算法的轮胎模型等。

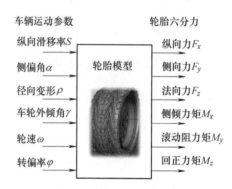

图 2-8　轮胎动力学模型

（2）魔术公式模型

本书仅对轮胎魔术公式模型进行简单介绍。荷兰代尔夫特理工大学 Pacejka 教授以三角函数组合的形式来拟合轮胎试验数据，得出一套可以同时表达纵向力、侧向力和回正力矩的公式，被称为魔术公式模型。轮胎魔术公式模型的优点如下：

1）在侧向加速度常见范围 $\leqslant 0.4g$ 以及侧偏角 $\leqslant 5°$ 的情景下，对常规轮胎具有很高的拟合精度。

2）由于魔术公式基于试验数据，除在试验范围具有高精度外，甚至在极限值以外一定程度仍可使用，可以对有限工况进行外推且具有较好的置信度。

3）魔术公式正在成为工业标准，即轮胎制造商向整车厂提供魔术公式系数表示的轮胎数据，而不再是表格或图形。

4）基于魔术公式的轮胎模型还有较好的鲁棒性，当没有某一轮胎的试验数据时，使用同类轮胎数据替代仍可取得很好的效果。

$$y(x) = D\sin\left\{C\arctan\left\{Bx - E\left[Bx - \arctan(Bx)\right]\right\}\right\} \tag{2-51}$$

式中，y 为纵向力、侧向力或者回正力矩；x 为轮胎滑移率或者侧偏角；B 为刚度因子；C 为形状因子；D 为峰值因子；E 为曲率因子；B、C、D、E 各因子由轮胎的垂直载荷和外倾角等确定。

轮毂电机分布式驱动车辆各车轮的纵向力可以由轮毂电机转矩推算出，影响车辆稳定性的侧向力依据魔术公式计算如下：

$$F_{yi} = D_y \sin\left\{ C_y \arctan\left\{ B_y \alpha_i - E_y \left[B_y \alpha_i - \arctan\left(B_y \alpha_i \right) \right] \right\} \right\} \qquad (2\text{-}52)$$

由式（2-52）可知，计算轮胎侧向力需要计算 4 个车轮的侧偏角 α_i：

$$\alpha_1 = \delta - \arctan\frac{V_y + a\omega}{V_x - W_{\mathrm{f}}\omega/2} \qquad (2\text{-}53)$$

$$\alpha_2 = \delta - \arctan\frac{V_y + a\omega}{V_x + W_{\mathrm{f}}\omega/2} \qquad (2\text{-}54)$$

$$\alpha_3 = -\arctan\frac{V_y - b\omega}{V_x - W_{\mathrm{r}}\omega/2} \qquad (2\text{-}55)$$

$$\alpha_4 = -\arctan\frac{V_y - b\omega}{V_x + W_{\mathrm{r}}\omega/2} \qquad (2\text{-}56)$$

2.3 分布式驱动车辆状态及参数估算

2.3.1 整车质量和坡度联合估算

整车质量和道路坡度等参数会影响车辆各轴和各轮的载荷情况，进而影响到驱动力和制动力的分配和控制，对操纵稳定性和经济性有较大的影响，是重要的车辆参数和分布式驱动控制的重要输入。因此，根据整车纵向受力情况实时估算整车质量及道路坡度，有助于分布式驱动控制策略设计。通常认为在车辆起步后，质量不再发生变化，因此只需要在每次车辆起步后的一段稳定行驶时间内，对整车质量进行估算即可，不需要长时间估算，以免增大运算量和估算误差。

系统参数估计是通过先验知识建立一定的数学模型，并根据某种准则来处理系统的输入和输出，估算某些重要的系统参数。根据车辆纵向动力学分析，通过递推最小二乘法估算整车质量。最小二乘法在参数估算领域是非常常见的一种算法，它本质上是估算出系统参数，使被估算参数参与的系统输入输出与实际系统中的输入输出的平方和差距最小，估算结果可呈现一定的统计规律。这种算法相对简单，易于实现，且计算性能好。递推最小二乘法可以不断对已经获取的参数补充新的数据，具备一定的实时性，可进行参数在线估计。

第 2.2.1 节和第 2.2.2 节已经在车辆纵向上建立了驱动及制动的动力学模型，表明了车辆在运动过程中的受力情况，将输入量驱动力 / 制动力与输出量加速度 / 减速度联系起来，整车质量及坡度作为待识别的参数，已经转换为最小二乘法的基本形式。

1. 带单一遗忘因子的递推最小二乘法

在第 2.2.1 节驱动动力学模型分析中，最小二乘法的基本形式即式（2-9）中 y 为系统输出变量，$\boldsymbol{\phi}^{\mathrm{T}}$ 为系统输入变量，$\boldsymbol{\theta}$ 为待识别的参数（包含整车质量及坡度）。

设定 $\hat{\boldsymbol{\theta}}$ 为参数的估计值，当估算出准确的数值时，可以使得准则函数（误差函数）最小。误差函数可表示为

$$V\left(\hat{\boldsymbol{\theta}}, k\right) = \sum_{i=1}^{k} \lambda^{k-1} \left[y(i) - \boldsymbol{\phi}^{\mathrm{T}}(i) \hat{\boldsymbol{\theta}}(k) \right]^2 \tag{2-57}$$

式中，λ 为遗忘因子，一般取值范围为 0 ～ 1。当 λ 取 0 时，完全抛弃历史结果，估计结果只与最新结果有关；当 0< λ <1 时，遗忘因子淡化历史结果对估计结果的影响，值越小，淡化作用越强；当 λ =1 时，遗忘因子不起作用；当 λ >1 时，遗忘因子加强历史结果对估算结果的影响，淡化新数据对估算结果的影响。

根据递推最小二乘法的定义和推导，可以得到 k 时刻的参数估计值为

$$\hat{\boldsymbol{\theta}}(k) = \hat{\boldsymbol{\theta}}(k-1) + \boldsymbol{K}(k) \left[y(k) - \boldsymbol{\phi}^{\mathrm{T}}(k) \hat{\boldsymbol{\theta}}(k-1) \right] \tag{2-58}$$

其中 $\boldsymbol{K}(k)$ 为增益矩阵，其具体公式为

$$\boldsymbol{K}(k) = \boldsymbol{P}(k-1) \boldsymbol{\phi}(k) \left[\lambda + \boldsymbol{\phi}^{\mathrm{T}}(k) \boldsymbol{P}(k-1) \boldsymbol{\phi}(k) \right]^{-1} \tag{2-59}$$

$\boldsymbol{P}(k)$ 为协方差矩阵，其具体公式为

$$\boldsymbol{P}(k) = \left[\boldsymbol{I} - \boldsymbol{K}(k) \boldsymbol{\phi}^{\mathrm{T}}(k) \right] \boldsymbol{P}(k-1) \frac{1}{\lambda} \tag{2-60}$$

2. 带多遗忘因子的递推最小二乘法

由于这个系统中有整车质量和坡度两个需要估计的参数，且两者的变化规

律不一样。一般车辆行驶过程中，整车质量几乎没有变化，而坡度可能有较频繁的变化，那么使用单一遗忘因子将会导致不适合某一参数的估算，从而使整个系统的参数估算都出现偏差。为了解决不同参数变化速率不同，使用同一遗忘因子误差较大的问题，需要多遗忘因子来对应不同的参数。

当引入多遗忘因子后，误差函数可表示为

$$V\left(\hat{\boldsymbol{\theta}}_1(k), \hat{\boldsymbol{\theta}}_2(k)\right) = \frac{1}{2}\sum_{i=1}^{k}\lambda_1^{k-1}\left[y(i)-\boldsymbol{\phi}_1(i)\hat{\boldsymbol{\theta}}_1(k)-\boldsymbol{\phi}_2(i)\boldsymbol{\theta}_2(k)\right]^2 +$$

$$\frac{1}{2}\sum_{i=1}^{k}\lambda_2^{k-1}\left[y(i)-\boldsymbol{\phi}_1(i)\boldsymbol{\theta}_1(k)-\boldsymbol{\phi}_2(i)\hat{\boldsymbol{\theta}}_2(k)\right]^2 \tag{2-61}$$

式中，λ_1 为第一个参数的遗忘因子；λ_2 为第二个参数的遗忘因子。

两个不同的遗忘因子分别对两个变化速率不同的参数进行调节，更加符合系统规律，使得误差函数可以达到最小值。式（2-61）对待估计参数求偏导为 0 并整理可得

$$\hat{\boldsymbol{\theta}}_1(k) = \left(\sum_{i=1}^{k}\lambda_1^{k-1}\boldsymbol{\phi}_1(i)^2\right)^{-1}\left(\sum_{i=1}^{k}\lambda_1^{k-1}\left[y(i)-\boldsymbol{\phi}_2(i)\boldsymbol{\theta}_2(k)\right]\right) \tag{2-62}$$

$$\hat{\boldsymbol{\theta}}_2(k) = \left(\sum_{i=1}^{k}\lambda_2^{k-1}\boldsymbol{\phi}_2(i)^2\right)^{-1}\left(\sum_{i=1}^{k}\lambda_2^{k-1}\left[y(i)-\boldsymbol{\phi}_1(i)\boldsymbol{\theta}_1(k)\right]\right) \tag{2-63}$$

对式（2-62）和式（2-63）进行计算并整理可得到以下两个递推公式：

$$\hat{\boldsymbol{\theta}}_1(k) = \hat{\boldsymbol{\theta}}_1(k-1) + \boldsymbol{K}_1(k)\left[y(k)-\boldsymbol{\phi}_1(k)\hat{\boldsymbol{\theta}}_1(k-1)-\boldsymbol{\phi}_2(k)\boldsymbol{\theta}_2(k-1)\right] \tag{2-64}$$

$$\hat{\boldsymbol{\theta}}_2(k) = \hat{\boldsymbol{\theta}}_2(k-1) + \boldsymbol{K}_2(k)\left[y(k)-\boldsymbol{\phi}_1(k)\boldsymbol{\theta}_1(k-1)-\boldsymbol{\phi}_2(k)\hat{\boldsymbol{\theta}}_2(k-1)\right] \tag{2-65}$$

式（2-64）和式（2-65）中的增益矩阵及协方差矩阵分别如下：

$$\boldsymbol{K}_1(k) = \boldsymbol{P}_1(k-1)\boldsymbol{\phi}_1(k)\left[\lambda_1+\boldsymbol{\phi}_1^{\mathrm{T}}(k)\boldsymbol{P}_1(k-1)\boldsymbol{\phi}_1(k)\right]^{-1} \tag{2-66}$$

$$\boldsymbol{K}_2(k) = \boldsymbol{P}_2(k-1)\boldsymbol{\phi}_2(k)\left[\lambda_2+\boldsymbol{\phi}_2^{\mathrm{T}}(k)\boldsymbol{P}_2(k-1)\boldsymbol{\phi}_2(k)\right]^{-1} \tag{2-67}$$

$$\boldsymbol{P}_1(k) = \left[1-\boldsymbol{K}_1(k)\boldsymbol{\phi}_1^{\mathrm{T}}(k)\right]\boldsymbol{P}_1(k-1)\frac{1}{\lambda_1} \tag{2-68}$$

$$\boldsymbol{P}_2(k) = \left[1-\boldsymbol{K}_2(k)\boldsymbol{\phi}_2^{\mathrm{T}}(k)\right]\boldsymbol{P}_2(k-1)\frac{1}{\lambda_2} \tag{2-69}$$

将式（2-64）和式（2-65）中的真实值替换成估计值，可以得到以下结果：

$$\begin{bmatrix} 1 & \boldsymbol{K}_1(k)\boldsymbol{\phi}_2(k) \\ \boldsymbol{K}_2(k)\boldsymbol{\phi}_1(k) & 1 \end{bmatrix}\begin{bmatrix} \hat{\boldsymbol{\theta}}_1(k) \\ \hat{\boldsymbol{\theta}}_2(k) \end{bmatrix} = \begin{bmatrix} \hat{\boldsymbol{\theta}}_1(k-1)+\boldsymbol{K}_1(k)\Big(y(k)-\boldsymbol{\phi}_1(k)\hat{\boldsymbol{\theta}}_1(k-1)\Big) \\ \hat{\boldsymbol{\theta}}_2(k-1)+\boldsymbol{K}_2(k)\Big(y(k)-\boldsymbol{\phi}_2(k)\hat{\boldsymbol{\theta}}_2(k-1)\Big) \end{bmatrix}$$

$$(2\text{-}70)$$

对式（2-70）进行求解并整理，可以得到递推的最小二乘法的基本形式如下：

$$\hat{\boldsymbol{\theta}}(k) = \begin{bmatrix} \hat{\boldsymbol{\theta}}_1(k) \\ \hat{\boldsymbol{\theta}}_2(k) \end{bmatrix} = \hat{\boldsymbol{\theta}}(k-1) + \boldsymbol{K}_{\text{mul}}(k)\Big[y(k)-\boldsymbol{\phi}^{\text{T}}(k)\hat{\boldsymbol{\theta}}(k-1)\Big] \quad (2\text{-}71)$$

其中，有多遗忘因子影响的增益矩阵为

$$\boldsymbol{K}_{\text{mul}}(k) = \cfrac{1}{1+\cfrac{\boldsymbol{P}_1(k-1)\boldsymbol{\phi}_1(k)^2}{\lambda_1}+\cfrac{\boldsymbol{P}_2(k-1)\boldsymbol{\phi}_2(k)^2}{\lambda_2}}\begin{bmatrix} \cfrac{\boldsymbol{P}_1(k-1)\boldsymbol{\phi}_1(k)}{\lambda_1} \\ \cfrac{\boldsymbol{P}_2(k-1)\boldsymbol{\phi}_2(k)}{\lambda_2} \end{bmatrix} \quad (2\text{-}72)$$

此时，多遗忘因子可以分别对所对应的参数进行独立调节以适应不同参数不同的变化速率。

3. 带可变多遗忘因子的递推最小二乘法

多遗忘因子的引入解决了不同参数变化速率不同的问题，但是遗忘因子仍然是固定的，对参数估计的影响效果也是固定的。然而在估计的初始阶段，参数估计值会与真实值存在较大的误差，此时我们需要更多的数据参与到参数估计当中，让新数据产生更多的作用，因此需要较小的遗忘因子来淡化历史数据的影响；进入估计的后期，参数估计值与真实值的误差会缩小，此时需要更稳定的估计值，避免不良的新数据产生影响。

因此，相关学者提出了一种变化的遗忘因子取值方法，采用基本函数使得遗忘因子取值逐渐增大，最终趋近于零。公式如下：

$$\lambda(t) = 0.99 - 0.2 \times 0.93^x \quad (2\text{-}73)$$

该遗忘因子随时间变化曲线如图2-9所示。本书中整车质量这个参数符合上述特征，将采用式（2-73）表示的遗忘因子作为第一个遗忘因子 λ_1，第二个参数坡度采用固定遗忘因子 λ_2，即采用带可变多遗忘因子的递推最小二乘法对整车质量及坡度进行联合估算。

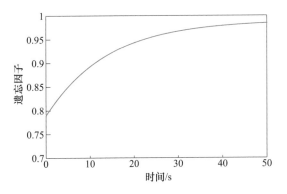

图 2-9　可变遗忘因子变化曲线

2.3.2　四轮垂直载荷估算

在车辆行驶过程中，除了由整车质量垂直于路面部分产生的垂直载荷外，每个轮胎的垂直载荷还受到四种轴荷转移的影响，包括由路面坡度引起的轴荷转移 $F_{z\alpha}$，由纵向加速度引起的轴荷转移 F_{za_x}，由侧向加速度引起的轴荷转移 F_{za_y} 和由侧倾运动引起的轴荷转移 $F_{z\varphi}$。车身侧倾运动示意图如图 2-10 所示。

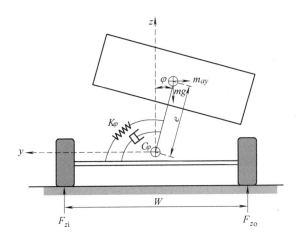

图 2-10　车身侧倾运动示意图

由路面坡度引起的轴荷转移表达式为

$$F_{z\alpha} = mg \frac{h_g}{l} \sin\alpha \qquad (2\text{-}74)$$

由纵向加速度引起的轴荷转移表达式为

$$F_{za_x} = ma_x \frac{h_g}{l} = \frac{mh_g}{l}(\dot{v}_x - v_y \dot{\omega}) \tag{2-75}$$

由侧向加速度引起的轴荷转移表达式为

$$F_{za_y} = ma_y \frac{h_r}{W} = \frac{mh_r}{W}(\dot{v}_y + v_x \dot{\omega}) \tag{2-76}$$

由车身侧倾引起的轴荷转移表达式为

$$F_{z\varphi} = \frac{K_\varphi \varphi + C_\varphi \dot{\varphi}}{W} \tag{2-77}$$

式（2-74）~式（2-77）中，h_g 为质心高度；h_r 为侧倾中心高度；$l = a + b$ 为轴距；W 为轮距；v_y 为车辆侧向速度；a_x、a_y 分别为车辆纵向加速度和侧向加速度；ω 为横摆角速度；φ 为车身侧倾角；K_φ 为车身侧倾角刚度；C_φ 为车身侧倾阻尼。

联立式（2-74）~式（2-77），可以得到分布式驱动电动客车每个轮胎的垂直载荷表达式为

$$\begin{bmatrix} F_{zfl} \\ F_{zfr} \\ F_{zrl} \\ F_{zrr} \end{bmatrix} = \begin{bmatrix} b \\ b \\ a \\ a \end{bmatrix} \frac{mg\cos\alpha}{2l} + \begin{bmatrix} -1 \\ -1 \\ 1 \\ 1 \end{bmatrix} \frac{F_{z\alpha}}{2} + \begin{bmatrix} -1 \\ -1 \\ 1 \\ 1 \end{bmatrix} \frac{F_{za_x}}{2} + \begin{bmatrix} -b \\ b \\ -a \\ a \end{bmatrix} \frac{F_{za_y}}{l} + \begin{bmatrix} -1 \\ 1 \\ -1 \\ 1 \end{bmatrix} \frac{F_{z\varphi}}{2} \tag{2-78}$$

2.3.3 基于运动学的横摆角速度估算及质心侧偏角估算

横摆角速度和质心侧偏角是分布式驱动控制设计的重要控制变量，需要知道横摆角速度、质心侧偏角的期望值和实际值。

横摆角速度的期望值由数学模型推算得到，这里采用车辆操纵稳定性分析中常用的二自由度车辆模型推算出的期望横摆角速度：

$$\omega_d = \frac{v_x}{L(1 + Kv_x^2)}\delta \tag{2-79}$$

式中，δ 为前轮平均转向角；K 为稳定性因数。

横摆角速度的实际值 ω 可以由成熟且价格便宜的陀螺仪传感器直接测量得到。

质心侧偏角期望值可以设为 0，即认为其值越小越好。目前，质心侧偏角传感器价格昂贵且使用条件苛刻，故多用估算的方法获取质心侧偏角实际值。采用一种基于运动学的估算方法估算实际质心侧偏角：

$$\beta = \arctan\left[\frac{b\tan\delta}{L}\right] \tag{2-80}$$

该估算方法的优点为无须知道轮胎侧偏刚度等较难获取的车辆参数，计算速度快，且在低速工况下可以较为准确地计算出车辆的实际质心侧偏角。

另外，在分布式控制策略设计初期进行联合仿真验证分析时，实际横摆角速度和实际质心侧偏角也可以从建立的 CarSim/TruckSim 车辆模型中直接读取。

2.3.4 基于 UKF 的横摆角速度及质心侧偏角的联合估算

无损卡尔曼滤波（Unscented Kalman Filter，UKF）以无损变换（Unscented Transform，UT）为核心，利用高斯分布的特点，从原始状态中取一些特定的点来获取对应的原始状态高斯分布特性，传递更准确的均值和协方差。当目标对象的非线性程度提高到一定水平的时候，UKF 将拥有更高的精度，且不需要对系统线性化，运算过程中不需要计算系统的雅克布矩阵，可以提高估算的效率和稳定性。非线性系统的状态方程如下：

$$\boldsymbol{X}_k = f\left(\boldsymbol{X}_{k-1}, \boldsymbol{U}_{k-1}\right) + \boldsymbol{W}_k \tag{2-81}$$

观测方程：

$$\boldsymbol{Z}_k = h\left(\boldsymbol{X}_{k-1}\right) + \boldsymbol{V}_k \tag{2-82}$$

UKF 流程如下：

（1）初始化

$$\hat{\boldsymbol{X}}_0^a = \boldsymbol{E}\left(\boldsymbol{X}_0\right) \tag{2-83}$$

$$\boldsymbol{P}_0^a = \boldsymbol{E}\left[\left(\boldsymbol{X}_0 - \hat{\boldsymbol{X}}_0^b\right)\left(\boldsymbol{X}_0 - \hat{\boldsymbol{X}}_0^b\right)^{\mathrm{T}}\right] \tag{2-84}$$

（2）时间更新部分

1）生成 2n 个 sigma 采样点，采样点来源于原始状态附近，进行适当的运算得到。

$$\hat{\boldsymbol{X}}_{k-1}^{(i)} = \hat{\boldsymbol{X}}_{k-1}^b + \tilde{\boldsymbol{X}}^{(i)} \tag{2-85}$$

$$\tilde{\boldsymbol{X}}^{(i)} = (\sqrt{n\boldsymbol{P}_{k-1}^b})_i^{\mathrm{T}} \tag{2-86}$$

$$\tilde{\boldsymbol{X}}^{(n+i)} = -(\sqrt{n\boldsymbol{P}_{k-1}^b})_i^{\mathrm{T}} \tag{2-87}$$

2）将各个采样点代入状态方程，可以得到：

$$\hat{X}_k^{(i)} = f(X_{k-1}, U_{k-1}) \tag{2-88}$$

3）计算得到 k 时刻的均值：

$$\hat{X}_k^a = \frac{1}{2n} \sum_{i=1}^{2n} \hat{X}_k^{(i)} \tag{2-89}$$

4）计算得到 k 时刻的协方差：

$$P_k^a = \frac{1}{2n} \sum_{i=1}^{2n} \left(\hat{X}_k^{(i)} - \hat{X}_k^a \right)\left(\hat{X}_k^{(i)} - \hat{X}_k^a \right)^{\mathrm{T}} + Q_{k-1} \tag{2-90}$$

（3）观测更新部分

1）根据预测值，重新生成一批采样点。

$$\hat{X}_k^{(i)} = \hat{X}_k^a + \tilde{X}^{(i)} \tag{2-91}$$

$$\tilde{X}^{(i)} = (\sqrt{nP_k^a})_i^{\mathrm{T}} \tag{2-92}$$

$$\tilde{X}^{(n+i)} = -(\sqrt{nP_k^a})_i^{\mathrm{T}} \tag{2-93}$$

2）将各采样点代入观测方程，可以得到：

$$\hat{Z}_k^{(i)} = h(\hat{X}_k^{(i)}) \tag{2-94}$$

3）计算得到 k 时刻的均值：

$$\hat{Z}_k = \frac{1}{2n} \sum_{i=1}^{2n} \hat{Z}_k^{(i)} \tag{2-95}$$

4）计算得到 k 时刻的协方差：

$$P_Z = \frac{1}{2n} \sum_{i=1}^{2n} \left(\hat{Z}_k^{(i)} - \hat{Z}_k \right)\left(\hat{Z}_k^{(i)} - \hat{Z}_k \right)^{\mathrm{T}} + R_k \tag{2-96}$$

5）估计状态和观测之间的协方差：

$$P_{XZ} = \frac{1}{2n} \sum_{i=1}^{2n} \left(\hat{X}_k^{(i)} - \hat{X}_k^a \right)\left(\hat{Z}_k^{(i)} - \hat{Z}_k \right)^{\mathrm{T}} \tag{2-97}$$

6）最终利用卡尔曼增益更新状态量：

$$K_k = P_{XZ} P_Z^{-1} \tag{2-98}$$

$$\hat{X}_k^b = \hat{X}_k^a + K_k \left(Z_k - \hat{Z}_k \right) \tag{2-99}$$

$$P_k^b = P_k^a - K_k P_Z K_k^{\mathrm{T}} \tag{2-100}$$

结合 UKF 的流程，设计一个质心侧偏角 β 和横摆角速度 ω 的状态估算器。估算状态量质心侧偏角 β 和横摆角速度 ω，写成向量的形式：

$$\boldsymbol{X}(t) = \begin{bmatrix} \beta, \omega \end{bmatrix}^{\mathrm{T}} \tag{2-101}$$

观测变量横向加速度 A_y、横摆角速度 ω，写成向量的形式：

$$\boldsymbol{Z}(t) = \begin{bmatrix} A_y, \omega \end{bmatrix}^{\mathrm{T}} \tag{2-102}$$

外界输入的影响变量方向盘转角 δ，写成向量的形式：

$$\boldsymbol{U}(t) = \begin{bmatrix} \delta, 0 \end{bmatrix}^{\mathrm{T}} \tag{2-103}$$

状态方程如下：

$$\beta_k = \beta_{k-1} - \frac{\sum_{i=1}^{4} C_{\alpha i}}{MV_x} \beta_{k-1} + \left(\frac{C_{\alpha r} b - C_{\alpha f} a}{MV_x^2} - 1 \right) \omega_{k-1} + \frac{C_{\alpha f}}{MV_x} \delta \tag{2-104}$$

$$\omega_k = \omega_{k-1} + \frac{C_{\alpha r} b - C_{\alpha f} a}{I_z} \beta_{k-1} - \frac{C_{\alpha r} a^2 + C_{\alpha f} b^2}{I_z V_x} \omega_{k-1} + \frac{a C_{\alpha f}}{I_z} \delta \tag{2-105}$$

观测方程如下：

$$\boldsymbol{Z}(t) = \left[\frac{1}{M} C_{\alpha f} \left(\delta - \beta - \frac{a\omega}{V_x} \right) + C_{\alpha r} \left(-\beta + \frac{b\omega}{V_x} \right), \omega_k \right]^{\mathrm{T}} \tag{2-106}$$

2.3.5 基于 UKF 的车速状态估算

分布式四驱电动汽车由于 4 个车轮全部为驱动轮，没有从动轮，车速计算已经无法沿用通过从动轮转速估算的方法了。结合 UKF 的流程初始化、时间更新、观测更新，设计一个关于车速的状态估算器，如图 2-11 所示。估算的状态量纵向车速 V_x、侧向车速 V_y、横摆角速度 ω、纵向加速度 A_x、侧向加速度 A_y，写成向量的形式：

$$\boldsymbol{X}(t) = \begin{bmatrix} V_x, V_y, \omega, A_x, A_y \end{bmatrix}^{\mathrm{T}} \tag{2-107}$$

观测变量纵向加速度 A_x、侧向加速度 A_y，写成向量的形式：

$$\boldsymbol{Z}(t) = \begin{bmatrix} A_x, A_y, \omega \end{bmatrix}^{\mathrm{T}} \tag{2-108}$$

状态方程如下：

$$V_{x(k)} = V_{x(k-1)} + \left[A_{x(k-1)} + V_{y(k-1)} \omega_{k-1} \right] \Delta t \tag{2-109}$$

$$V_{y(k)} = V_{y(k-1)} + \left[A_{y(k-1)} - V_{x(k-1)}\omega_{k-1} \right]\Delta t \tag{2-110}$$

$$\omega_k = \omega_{k-1} + \frac{M_z}{I_z}\Delta t \tag{2-111}$$

$$A_{x(k)} = \frac{1}{M}\left\{ \left[F_{x1(k-1)} + F_{x2(k-1)} \right]\cos\delta - \left[F_{y1(k-1)} + F_{y2(k-1)} \right] \right.$$
$$\left. \sin\delta + F_{x3(k-1)} + F_{x4(k-1)} - F_{w(k-1)} - F_{f(k-1)} \right\} \tag{2-112}$$

$$A_{y(k)} = \frac{1}{M}\left\{ \left[F_{y1(k-1)} + F_{y2(k-1)} \right]\cos\delta + \left[F_{x1(k-1)} + F_{x2(k-1)} \right]\sin\delta + F_{y3(k-1)} + F_{y4(k-1)} \right\} \tag{2-113}$$

观测方程如下：

$$\boldsymbol{Z}(t) = \left[A_{x(k)}, A_{y(k)}, \omega_k \right]^{\mathrm{T}} \tag{2-114}$$

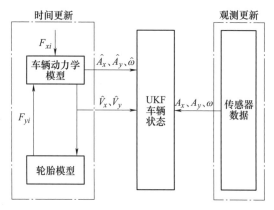

图 2-11　UKF 车速估算器估计流程

2.4　轮毂电机建模

2.4.1　轮毂电机结构及设计要求

轮毂电机工作原理与集中式驱动电机基本相同，可以选用永磁同步电机、交流异步电机、开关磁阻电机等，与电机在车辆上的安装位置密切相关，电机直接布置在车轮轮毂内侧。同理，轮边电机是指电机被布置在车轮旁边，一般还需要半轴与车轮连接，如图 2-12 所示。图中 M 表示电机、FG 表示固定速比减速器、D 表示机械差速器，图 2-12a、b 所示为集中式单电机驱动形式，电机转矩输出之后，需要经过减速器、机械差速器、半轴才能驱动车轮。图 2-12c 所示为轮边电机驱动形式，虽然不需要机械差速器，但轮边电机转矩输出之后，一般还需要经过减速器、半轴才能驱动车轮。图 2-12d 所示为轮毂电机驱动形式，其不再需要减速器、机械差速器、半轴，轮毂电机转矩输出之后直接驱动车轮。

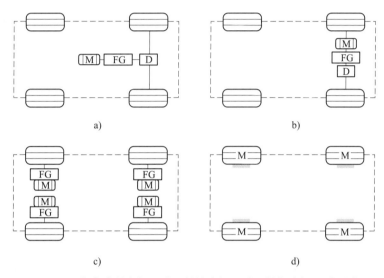

图 2-12 集中式单电机驱动、轮边电机驱动、轮毂电机驱动形式

虽然轮毂电机与轮边电机都能实现分布式驱动，但是轮毂电机更容易形成驱动、制动、传动三者集成的电动轮总成。轮毂电机电动轮可以集成电机本体、电机驱动控制器、冷却系统、制动系统、轮毂等，将机械部分极大简化，便于布置，传动效率高，各电动轮驱动、制动独立可控。

由于轮毂尺寸限制，轮毂电机外形基本为扁平形，按照结构主要分为内转子轮毂电机与外转子轮毂电机。内转子轮毂电机的电机主轴为转子，电机外壳为定子，一般转速高、转矩小，需配备减速器。外转子轮毂电机的电机外壳为转子，电机主轴为定子，一般转速低、转矩大，不需要配备减速器，由电机直驱。如图 2-13a 所示，乘用车用 Protean 外转子轮毂电机主要由保护外壳、电力电子元件、电容环、内置定子、轴承、外置转子组成，另外集成配置了制动盘及制动卡钳。如图 2-13b 所示，商用车用 e-Traction 外转子轮毂电机主要由端盖、内置定子、电力电子元件、外置转子组成，另外集成配置了制动盘。

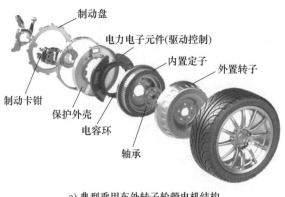

a) 典型乘用车外转子轮毂电机结构

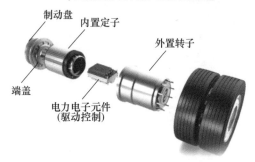

b) 典型商用车外转子轮毂电机结构

图 2-13 外转子轮毂电机结构

　　轮毂电机除了高功率密度、高转矩密度、低速大转矩、高速恒功率及宽调速设计要求外，由于特殊的安装位置，在新能源汽车应用中还需要面临如下技术挑战：

　　1）轮毂电机集成于轮毂电动轮总成中，集驱动、制动、承载等多功能于一体，机械、电磁、热、振动噪声等多物理场设计难度大。

　　2）轮毂电机处于悬架系统减振弹簧下方，将承受很大的路面冲击载荷，对抗振要求苛刻。

　　3）车轮空间狭小，车辆大负荷低速爬长坡、制动等工况下，容易出现冷却不足导致轮毂电机过热，散热和强制冷却面临很大挑战。

　　4）车轮部位的水和污物等容易积存，导致电机腐蚀损坏、寿命可靠性受影响，对电机密封和防护要求很高。轮毂电机主要的密封防护位置为三相线防水接头处与电机定转子交接处的油封，油封直径相对较大。

2.4.2　轮毂电机数学建模及仿真分析

　　目前，高速内转子轮毂电机和低速外转子轮毂电机在分布式驱动电动汽车中都有应用。

高速内转子轮毂电机优点是质量轻、体积小、噪声小、成本低；缺点是转矩小，需要采用减速装置才能达到车辆行驶需求，从而导致效率降低，电机的最高转速受线圈损耗、摩擦损耗以及变速机构的承受能力等因素的限制。

低速外转子轮毂电机优点是结构简单、轴向尺寸小、转矩大、响应速度快，外转子直接与车轮相连，没有减速机构，因此驱动效率高；缺点是如要获得较大的转矩，必须增大电机体积和质量，因而成本高，加速时效率低、噪声大。

无刷永磁同步电机因具有较高的功率密度和效率以及宽广的调速范围等特性，逐渐成为轮毂电机的主流类型选择，因此，本书主要介绍无刷永磁同步轮毂电机的控制数学模型及控制方式。为了方便模型的建立，以常规内转子轮毂电机举例。

当三相无刷永磁同步轮毂电机转子磁路不同时，电机的运行性、控制方法、制造工艺和适用场合也会不同。根据永磁体在转子上的安装位置不同，三相无刷永磁同步轮毂电机可以分为表贴式和内嵌式两种结构，如图 2-14 所示。

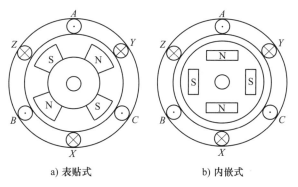

a) 表贴式　　　　　b) 内嵌式

图 2-14　永磁同步轮毂电机结构

表贴式结构如图 2-14a 所示，该种电机具有结构简单、制造成本低和转动惯量小等优点，在恒功率运行范围不宽的三相永磁同步轮毂电机中得到广泛应用。同时，表贴式结构转子永磁体用量较少，磁链谐波分量较少，能使电机的气缝磁密波形最大程度趋于正弦波分布，进而提高电机的运行性能。但是因为永磁体直接暴露在转子外面，增加了退磁的风险。

内嵌式结构如图 2-14b 所示，可以充分利用交直轴感抗不同，产生磁阻转矩，进一步提高电机的功率密度，改善电机的动态性能；弱磁能力比表贴式更强，更容易提高电机在高速运转时的安全性。但相对于表贴式，内嵌式漏磁系数和制造成本都较高。

永磁同步轮毂电机控制属于交流电机控制，是一个多变量、强耦合、非线性、时变的复杂系统，因此为了简化分析，假设永磁同步轮毂电机为理想电机，且满足下列条件：

1）电机相绕组中感应电动势为正弦波。

2）电机转子上没有阻尼绕组。

3）忽略铁心饱和，忽略电机铁心损耗。

按照以上条件对被控对象永磁同步轮毂电机进行理论分析时，其所得的结果和实际情况十分接近，误差在工程允许范围内，可以使用上述假设对永磁同步轮毂电机进行分析与控制。

1. 轮毂电机三相静止坐标系下的数学模型

永磁同步轮毂电机三相静止坐标系下的数学模型如图 2-15 所示，可以通过此模型得到三相静止坐标系下的电压方程和磁链方程。电机定子三相绕组的电压由磁链得到，磁链由两部分构成：一部分是三相绕组电流产生的磁链；另一部分是转子永磁体产生的磁链，这两部分磁链大小都与转子位置相关。

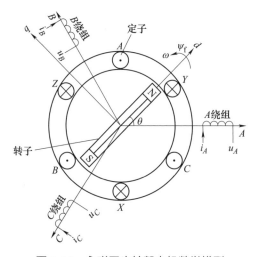

图 2-15　永磁同步轮毂电机数学模型

其中，定子三相电压方程为

$$\begin{bmatrix} u_A \\ u_B \\ u_C \end{bmatrix} = \begin{bmatrix} R & 0 & 0 \\ 0 & R & 0 \\ 0 & 0 & R \end{bmatrix} \begin{bmatrix} i_A \\ i_B \\ i_C \end{bmatrix} + \frac{\mathrm{d}}{\mathrm{d}t} \begin{bmatrix} \psi_A \\ \psi_B \\ \psi_C \end{bmatrix} \quad (2\text{-}115)$$

式中，u_A、u_B、u_C 为定子三相电压；i_A、i_B、i_C 为定子三相电流；ψ_A、ψ_B、ψ_C 为定子三相磁链。

磁链方程为

$$\begin{bmatrix} \psi_A \\ \psi_B \\ \psi_C \end{bmatrix} = \begin{bmatrix} L_{AA} & M_{AB} & M_{AC} \\ M_{BA} & L_{BB} & M_{BC} \\ M_{CA} & M_{CB} & L_{CC} \end{bmatrix} \begin{bmatrix} i_A \\ i_B \\ i_C \end{bmatrix} + \begin{bmatrix} \psi_{fA} \\ \psi_{fB} \\ \psi_{fC} \end{bmatrix} \tag{2-116}$$

式中，L_{AA}、L_{BB}、L_{CC} 为三相绕组自感系数；$M_{AB}=M_{BA}$、$M_{BC}=M_{CB}$、$M_{AC}=M_{CA}$ 为三相绕组互感系数；i_A、i_B、i_C 为定子三相电流；ψ_A、ψ_B、ψ_C 为定子三相磁链。

ψ_{fA}、ψ_{fB}、ψ_{fC} 表示三相转子磁链，可以表示为

$$\begin{bmatrix} \psi_{fA} \\ \psi_{fB} \\ \psi_{fC} \end{bmatrix} = \psi_f \begin{bmatrix} \cos\theta \\ \cos\left(\theta - \dfrac{2}{3}\pi\right) \\ \cos\left(\theta + \dfrac{2}{3}\pi\right) \end{bmatrix} \tag{2-117}$$

式中，ψ_f 为电机永磁体磁链；θ 为电机转子位置角。

除此之外，在永磁同步轮毂电机三相静止坐标系下还有运动方程和转矩方程。采用三相静止坐标系下的数学模型对永磁同步轮毂电机进行控制是十分困难的，为此我们需要找到更加简便的坐标系及其对应的数学模型对电机进行控制。

2. 轮毂电机坐标变换

为了简化三相静止坐标系下永磁同步轮毂电机的物理模型，通常会使用坐标变换，其中主要有静止坐标变化（Clark 变换）和同步旋转坐标变换（Park 变换）。Clark 变换是将电机三相参数通过矢量投影方式变换到两相静止坐标系下，重新构建电机的数学模型，实现电机参数的解耦控制。Park 变换是将两静止坐标系上的电机电参量变换到与电机转子同步速的坐标系上，电机原有的交流电参量变换成了旋转坐标系上的直流量，实现了电机系统的解耦，控制交流电机可以像控制直流电机一样简单，并且可以实现良好的动、静态调节特性。

三相静止坐标系和两相静止坐标系的空间关系如图 2-16 所示，两种坐标系下数学表达式见式（2-118）。两种坐标系的变换根据变换前后矢量幅值不变原则和功率不变原则，可以分为等幅值变换和等功率变换。

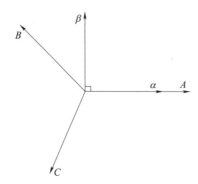

图 2-16　三相静止坐标系与两相静止坐标系的空间关系

$$\begin{bmatrix} f_\alpha & f_\beta & f_0 \end{bmatrix}^{\mathrm{T}} = \boldsymbol{T}_{3s/2s} \begin{bmatrix} f_A & f_B & f_C \end{bmatrix}^{\mathrm{T}} \tag{2-118}$$

式中，f 为电机的电压、电流或磁链等变量；$\boldsymbol{T}_{3s/2s}$ 为变换矩阵。

Clark 变换为等幅值变换时，$\boldsymbol{T}_{3s/2s}$ 可以表示为

$$\boldsymbol{T}_{3s/2s} = \frac{2}{3} \begin{bmatrix} 1 & -\dfrac{1}{2} & -\dfrac{1}{2} \\ 0 & \dfrac{\sqrt{3}}{2} & -\dfrac{\sqrt{3}}{2} \\ \dfrac{1}{\sqrt{2}} & \dfrac{1}{\sqrt{2}} & \dfrac{1}{\sqrt{2}} \end{bmatrix} \tag{2-119}$$

当 Clark 变换为等功率变换时，$\boldsymbol{T}_{3s/2s}$ 可以表示为

$$\boldsymbol{T}_{3s/2s} = \frac{\sqrt{2}}{3} \begin{bmatrix} 1 & -\dfrac{1}{2} & -\dfrac{1}{2} \\ 0 & \dfrac{\sqrt{3}}{2} & -\dfrac{\sqrt{3}}{2} \\ \dfrac{1}{\sqrt{2}} & \dfrac{1}{\sqrt{2}} & \dfrac{1}{\sqrt{2}} \end{bmatrix} \tag{2-120}$$

将两相静止坐标系变换到三相静止坐标系的坐标变换称为反 Clark 变换，可以表示为

$$\begin{bmatrix} f_A & f_B & f_C \end{bmatrix}^{\mathrm{T}} = \boldsymbol{T}_{2s/3s} \begin{bmatrix} f_\alpha & f_\beta & f_0 \end{bmatrix}^{\mathrm{T}} \tag{2-121}$$

式中，$_{2s/3s}$ 为变换矩阵。

当反 Clark 变换为等幅值变换时，$\boldsymbol{T}_{2s/3s}$ 可以表示为

$$T_{2s/3s} = T_{3s/2s}^{-1} = \begin{bmatrix} 1 & 0 & \dfrac{1}{\sqrt{2}} \\ -\dfrac{1}{2} & \dfrac{\sqrt{3}}{2} & \dfrac{1}{\sqrt{2}} \\ -\dfrac{1}{2} & -\dfrac{\sqrt{3}}{2} & \dfrac{1}{\sqrt{2}} \end{bmatrix} \tag{2-122}$$

当反 Clark 变换为等功率变换时，$T_{2s/3s}$ 可以表示为

$$T_{2s/3s} = T_{3s/2s}^{-1} = \sqrt{\dfrac{2}{3}} \begin{bmatrix} 1 & 0 & \dfrac{1}{\sqrt{2}} \\ -\dfrac{1}{2} & \dfrac{\sqrt{3}}{2} & \dfrac{1}{\sqrt{2}} \\ -\dfrac{1}{2} & -\dfrac{\sqrt{3}}{2} & \dfrac{1}{\sqrt{2}} \end{bmatrix} \tag{2-123}$$

Park 变换，两相静止坐标系与两相同步旋转坐标系的空间关系如图 2-17 所示，可以得出式（2-124）。

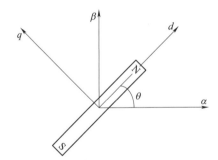

图 2-17 两相静止坐标系与两相同步旋转坐标系的空间关系

$$\begin{bmatrix} f_d & f_q \end{bmatrix}^{\mathrm{T}} = T_{2s/2r} \begin{bmatrix} f_\alpha & f_\beta \end{bmatrix}^{\mathrm{T}} \tag{2-124}$$

式中，$T_{2s/2r}$ 为变换矩阵，表达式见式（2-125）。

$$T_{2s/2r} = \begin{bmatrix} \cos\theta & \sin\theta \\ -\sin\theta & \cos\theta \end{bmatrix} \tag{2-125}$$

将同步旋转坐标系变换到两相静止坐标系的坐标变换称为反 Park 变换，可以表示为

$$\begin{bmatrix} f_{\alpha} & f_{\beta} \end{bmatrix}^{\mathrm{T}} = \boldsymbol{T}_{2\mathrm{r}/2\mathrm{s}} \begin{bmatrix} f_d & f_q \end{bmatrix}^{\mathrm{T}} \tag{2-126}$$

式中，$\boldsymbol{T}_{2\mathrm{r}/2\mathrm{s}}$ 为变换矩阵，表达式见式（2-127）。

$$\boldsymbol{T}_{2\mathrm{r}/2\mathrm{s}} = \begin{bmatrix} \cos\theta & -\sin\theta \\ \sin\theta & \cos\theta \end{bmatrix} \tag{2-127}$$

3. 轮毂电机同步旋转坐标系下的数学建模

矢量控制通常选用同步旋转坐标系下的数学模型，如图 2-18 所示，其中永磁同步轮毂电机在旋转同步坐标系下的定子电压方程如下：

$$\begin{cases} U_d = Ri_d + \dfrac{\mathrm{d}}{\mathrm{d}t}\psi_d - \omega_{\mathrm{e}}\psi_q \\ U_q = Ri_q + \dfrac{\mathrm{d}}{\mathrm{d}t}\psi_q + \omega_{\mathrm{e}}\psi_d \end{cases} \tag{2-128}$$

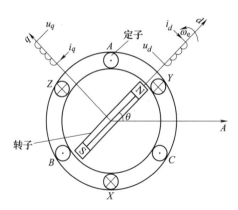

图 2-18　同步旋转坐标系模型

同步旋转坐标系下磁链方程如下：

$$\begin{cases} \psi_d = L_d i_d + \psi_{\mathrm{f}} \\ \psi_q = L_q i_q \end{cases} \tag{2-129}$$

将式（2-129）代入式（2-128）可得

$$\begin{cases} u_d = Ri_d + L_d \dfrac{\mathrm{d}}{\mathrm{d}t} i_d - \omega_{\mathrm{e}} L_q i_q \\ u_q = Ri_q + L_q \dfrac{\mathrm{d}}{\mathrm{d}t} i_q + \omega_{\mathrm{e}}(L_d i_d + \psi_{\mathrm{f}}) \end{cases} \tag{2-130}$$

永磁同步轮毂电机电磁转矩方程为

$$T_e = \frac{3}{2}\left(u_d i_d + u_q i_q\right) \tag{2-131}$$

在正弦稳态且忽略定子电阻 R_s 的情况下可以得到：

$$\begin{aligned}
T_e &= \frac{3}{2}\Big[\left(-\omega_e L_q i_q\right)i_d + \omega_e\left(L_d i_d + \psi_f\right)i_q\Big] \\
&= \frac{3}{2}\omega_e\Big[\psi_f + \left(L_d - L_q\right)i_d\Big]i_q \\
&= \frac{3}{2}P_m \omega_r\Big[\psi_f + \left(L_d - L_q\right)i_d\Big]i_q
\end{aligned} \tag{2-132}$$

式中，P_m 为电机极对数；ω_r 为电机转子机械转速。

4. 轮毂电机静止坐标系下的数学建模

永磁同步轮毂电机在两相静止坐标系下的许多参数可以直接测量，因此很多情况下可采用 α、β 坐标系下的数学模型进行研究，两相静止坐标系的数学模型如图 2-19 所示。

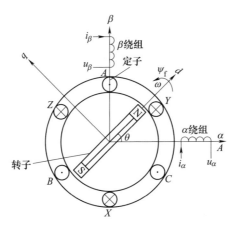

图 2-19 两相静止坐标系数学模型

只需要将式（2-130）通过反 Park 变换，就能得到两相静止坐标系下定子电压方程：

$$\begin{bmatrix} u_\alpha \\ u_\beta \end{bmatrix} = \begin{bmatrix} R + \dfrac{d}{dt}L_\alpha & \dfrac{d}{dt}L_{\alpha\beta} \\ \dfrac{d}{dt}L_{\alpha\beta} & R + \dfrac{d}{dt}L_\alpha \end{bmatrix}\begin{bmatrix} i_\alpha \\ i_\beta \end{bmatrix} + \omega_e \psi_f \begin{bmatrix} -\sin\theta \\ \cos\theta \end{bmatrix} \tag{2-133}$$

式中，$\begin{bmatrix} u_\alpha & u_\beta \end{bmatrix}^{\mathrm{T}}$、$\begin{bmatrix} i_\alpha & i_\beta \end{bmatrix}^{\mathrm{T}}$ 分别为静止坐标系下的定子电压和电流。

$$\begin{cases} L_\alpha = L_0 + L_1 \cos 2\theta \\ L_\beta = L_0 - L_1 \cos 2\theta \\ L_{\alpha\beta} = L_1 \sin 2\theta \\ L_0 = (L_d + L_q)/2 \\ L_1 = (L_d - L_q)/2 \end{cases} \tag{2-134}$$

由于式（2-133）中既包含 θ 分量，又包含 2θ 分量，增加了位置估算算法的难度。2θ 分量是由于电感矩阵不对称产生的，因此将式（2-130）进行变形，如下：

$$\begin{bmatrix} u_d \\ u_q \end{bmatrix} = \begin{bmatrix} R + \dfrac{\mathrm{d}}{\mathrm{d}t}L_d & -\omega_e L_q \\ \omega_e L_q & R + \dfrac{\mathrm{d}}{\mathrm{d}t}L_d \end{bmatrix} \begin{bmatrix} i_d \\ i_q \end{bmatrix} + \begin{bmatrix} 0 \\ (L_d - L_q)(\omega_e i_d - \rho i_q) + \omega_e \psi_f \end{bmatrix} \tag{2-135}$$

同样，通过反 Park 变换，得到 α、β 坐标系下定子电压方程：

$$\begin{bmatrix} u_\alpha \\ u_\beta \end{bmatrix} = \begin{bmatrix} R + \dfrac{\mathrm{d}}{\mathrm{d}t}L_d & \omega_e(L_d - L_q) \\ -\omega_e(L_d - L_q) & R + \dfrac{\mathrm{d}}{\mathrm{d}t}L_d \end{bmatrix} \begin{bmatrix} i_d \\ i_q \end{bmatrix} +$$
$$\begin{bmatrix} (L_d - L_q)\left(\omega_e i_d - \dfrac{\mathrm{d}}{\mathrm{d}t}i_q\right)\omega_e\psi_f \end{bmatrix} \begin{bmatrix} -\sin\theta \\ \cos\theta \end{bmatrix} \tag{2-136}$$

当轮毂电机为表贴式时，$L_d = L_q = L$，此公式可以进一步简化，方便无位置传感器算法的设计。

2.4.3　轮毂电机矢量控制模型及仿真

1. 轮毂电机矢量控制原理

目前，永磁同步轮毂电机的控制策略主要有两种：一种是矢量控制，另一种是直接转矩控制。相较于直接转矩控制，矢量控制直接对交直轴电流进行解耦，单独控制电枢磁场和励磁磁场，使得电机的转矩输出更加平稳，调速范围更宽。这些特性更加符合轮毂电机的需要，因此矢量控制是目前永磁同步轮毂电机最主流的控制方法。

永磁同步轮毂电机矢量控制策略框图如图 2-20 所示。首先旋转变压器等位置传感器采集电机转子的位置和速度，目标转速 n^* 与实际转速 n 进行 PI 调节得到转矩信号（即电流信号），然后对转矩信号进行分配，得到直轴参考电流 i_d^* 和交轴参考电流 i_q^*。转矩分配方法主要有两种：$i_d =0$ 控制和最大转矩电流比控制。其次，电流传感器采集电机定子三相电流，并对电流进行 Clark 变换和 Park 变换，得到 d_q 轴下的电流，i_d^* 和 i_q^* 分别与 d_q 轴反馈电流进行 PI 调节得到 d_q 轴电压 U_d 和 U_q，d_q 轴电压通过 Ipark 变换得到 α 和 β 轴上的电压。最后，α、β 电压通过空间矢量脉宽调制（SVPWM）生成三路互补的 PWM 信号作用于三相逆变器，从而驱动电机。

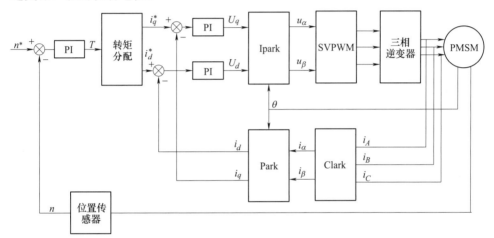

图 2-20　永磁同步轮毂电机矢量控制策略框图

2. 轮毂电机矢量控制系统建模与仿真

根据图 2-20 所示的永磁同步轮毂电机矢量控制策略，采用 $i_d =0$ 控制方法，在 MATLAB/Simulink 环境下搭建仿真模型，如图 2-21 所示。

所建立的轮毂电机矢量控制系统仿真模型可以分为 PI 调节器、坐标变换、空间矢量脉宽调制、逆变器和永磁同步电机（PMSM）5 个部分，下面对这 5 个部分分别进行介绍。

（1）PI 调节器

评价电机矢量控制系统性能一般有三大指标：动态响应是否够快、控制是否准确以及系统是否稳定。速度环和电流环是决定电机控制系统性能好坏的两个重要的环路，常采用经典的 PI 控制。

比例 P 参数主要反映整个控制系统信号的偏差，当有偏差信号出现时，控制器就会对其产生修正作用，使得偏差减小；积分 I 参数主要是用来减小整个控制系统的静态误差，提高无差度。

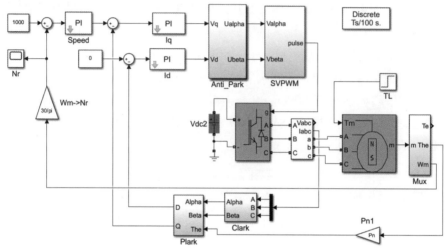

图 2-21 轮毂电机矢量控制系统仿真模型

（2）坐标变换

电机矢量控制模型用到三种坐标变换，如图 2-22 所示，分别为 Clark 变换、Park 变换和反 Park 变换。将三相电流分解成同步旋转坐标系下的 d_q 轴电流，对转矩电流和励磁电流进行解耦控制。

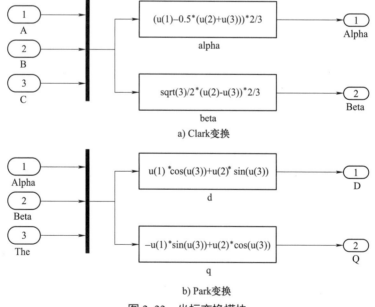

图 2-22 坐标变换模块

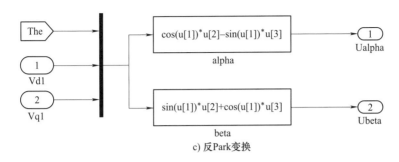

c) 反Park变换

图 2-22　坐标变换模块（续）

（3）空间矢量脉宽调制

正弦波脉宽调制（SPWM）由一系列等幅不等宽的矩形脉冲波形等效生成正弦波波形，达到了以正弦波驱动的目的，但母线电压利用率较低（约为86.7%）。空间矢量脉宽调制（SVPWM）是由逆变器的功率开关管在不同开关模式下得到的 6 种有效工作状态和另外两种零矢量状态组合，在电机定子线圈中生成三路幅值相同、相位差 120° 的正弦波。SVPWM 不仅提高了母线利用率（可达 100%），同时减小了转矩脉动，并且更容易通过数字化控制芯片实现，是目前最主流的调制方式。

建立图 2-23 所示的扇区判断模型，通过 U_α 和 U_β 的参考电压计算出电压矢量在图 2-24 中的扇区位置，知道电压矢量所在扇区后需要得知电压矢量相邻两个基础矢量的作用时间。可以通过图 2-25 所示的非零电压矢量作用时间计算模型，计算出相邻两个基础矢量的时间（图 2-26）。

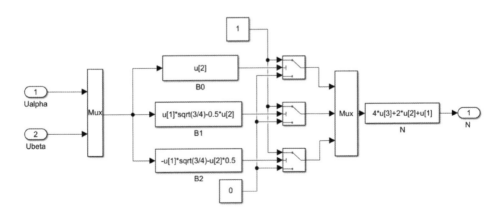

图 2-23　扇区判断模型

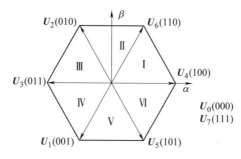

图 2-24 空间电压矢量图

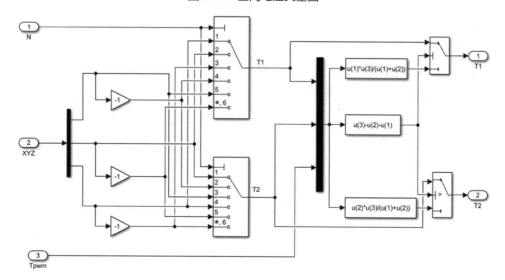

图 2-25 非零电压矢量作用时间计算模型

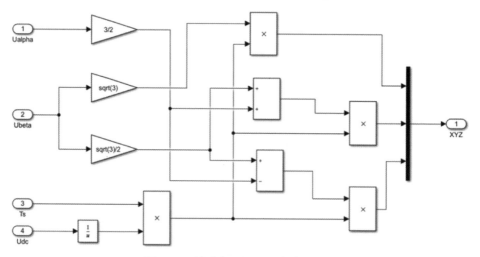

图 2-26 基础电压矢量作用时间模型

如图 2-27 所示，通过非零电压矢量作用时间（T_1、T_2）和 PWM 周期（T_{PWM}）可以计算出三相导通时间（T_{cm1}、T_{cm2}、T_{cm3}）。最后通过图 2-28 所示的 PWM 波生成模型，将三相导通时间与三角波对比，生成 6 路互补的 PWM 信号。

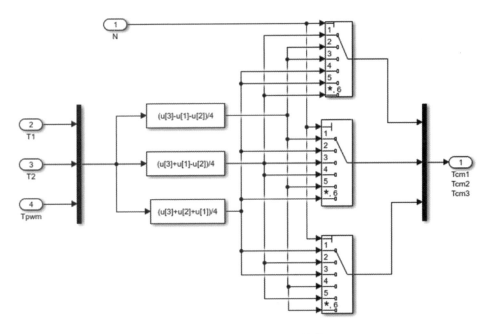

图 2-27　逆变器导通时间计算模型

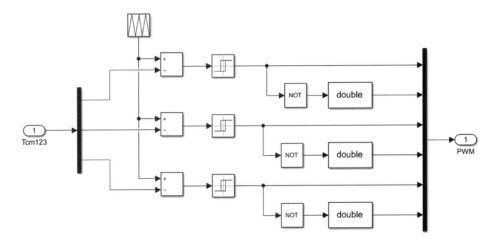

图 2-28　PWM 波生成模型

（4）逆变器和 PMSM

图 2-29 所示为 Simulink 自带的逆变器模型，可以设置母线电压值和功率晶体管桥臂数，三相逆变器的输出接 PMSM 模型的三相输入（图 2-30）。

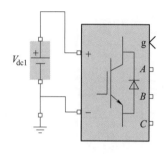
图 2-29　逆变器模型

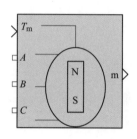
图 2-30　PMSM 模型

仿真条件设置为：仿真时间 t=0.4s，初始负载转矩为零，在 0.2s 时负载转矩突变为 20N·m，母线电压 $U_{dc} = 311V$，PWM 开关频率为 $f_{PWM} = 10kHz$，给定转速 $n_{ref} = 1000r/min$。

电机参数设置为：极对数 $P_n = 4$，定子电阻 $R_s = 1\Omega$，定子电感 $L_d=L_q=18mH$，磁链 $\psi_f = 0.2Wb$，转动惯量 $J = 0.001kg·m^2$，阻尼系数 B=0.008N·s/m。轮毂电机矢量控制仿真结果如图 2-31 所示。

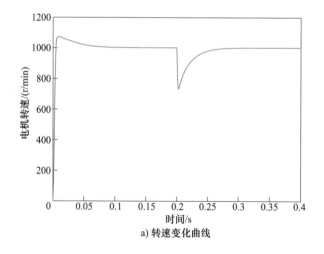
a) 转速变化曲线

图 2-31　轮毂电机矢量控制仿真结果

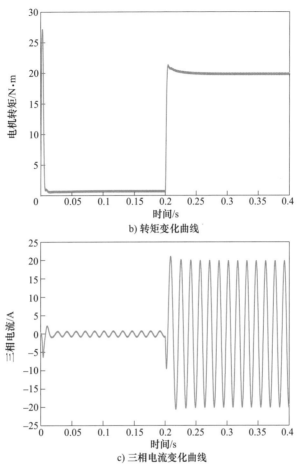

b) 转矩变化曲线

c) 三相电流变化曲线

图 2-31 轮毂电机矢量控制仿真结果（续）

由图 2-31 可知，电机从起动开始，能较快地达到目标转速 1000r/min，该系统有较好的响应速度，同时能稳定跟踪目标转速，但有一定超调量。在 0.2s 时突加 20N·m 的转矩，该系统的转速也能很快地跟踪上目标转速，并且转矩波动也很小，说明该系统有较好的动态性能和抗干扰性能，可以满足轮毂电机控制性能的需要。

$i_d=0$ 的控制方法只能让电机运行在额定转速以下，当轮毂电机达到额定转速时，由式（2-137）可知，受电池母线电压极限的影响，电机转速无法通过升压提高。

$$\omega_{\mathrm{e}} = \frac{u_{\mathrm{s}}}{\sqrt{\left(L_d i_q\right)^2 + \left(L_d i_q + \psi_{\mathrm{f}}\right)^2}} \tag{2-137}$$

在转速达到额定转速后，若想继续增大转速，只能通过改变i_d、i_q来实现，有两种方式：

1）对于可以进行电流相位控制的永磁同步电机，使得$i_d \neq 0$，以削弱永磁体磁场（即所谓的弱磁），且随着转速的升高，i_d反向增大产生一个相对转子磁场的反向磁场，称为去磁电流。这种弱磁能力的大小与电枢绕组的直轴电感L_d有关。

2）减小电枢电流的交轴分量i_q，减小其电枢反应的助磁作用及气隙合成磁场（等效为弱磁），该方法的弱磁效果与交轴电感L_q成正比。i_q减小时，电机输出转矩也会减小，即通过减小转矩的方式获得更大的调速范围。

Chapter 3

第 3 章

分布式驱动车辆驱动控制设计

分布式驱动控制实质是对独立驱动源个数 >1 的动力系统进行驱动力协调控制。独立驱动源除了轮毂电机之外，还可以是轮边电机、中置电机，甚至可以采用发动机等。如图 3-1 所示，分布式驱动控制系统由轮毂电机等执行器、分布式驱动控制器、方向盘转角等传感器组成。

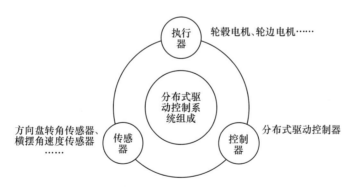

图 3-1　分布式驱动控制系统组成

分布式驱动控制的首要功能是满足车辆总驱动力需求，同时通过协调控制多个驱动源实现直行、转向等行驶功能，可涵盖基本驱动力分配、电子差速、驱动防滑、车身稳定控制等多个控制功能。

轮毂电机分布式驱动控制的输入信号包含加速踏板开度、电机转速、方向盘转角等参数，控制输出一般为各轮毂电机的目标转矩。可以基于车辆稳定性、经济性等不同性能目标，采用模糊控制、滑模控制等控制方法，制定具体分布式驱动控制策略。

基于稳定性的分布式四驱控制

基于直接横摆力矩原理（车身的横摆力矩为各个车轮与地面作用力对车辆质心形成的力矩矢量和），采用分层思想的分布式四驱控制策略分为三层，整个分布式四驱控制策略的执行流程如图 3-2 所示。

1）期望横摆力矩及总驱动力制定层：该层通过接收驾驶员操作信息以及车辆反馈回来的状态参数，制定出当前工况下车辆需求的总驱动力以及期望横摆力矩。

2）基于目标函数的驱动力分配层：该层通过预先设定的基于某种目的的目标函数以及根据车辆和路面的信息，在一定的约束条件下计算出 4 个车轮的目标输出转矩。

3）驱动防滑控制层：该层通过控制车轮的滑转率实现驱动防滑功能，增强车辆的行驶稳定性。

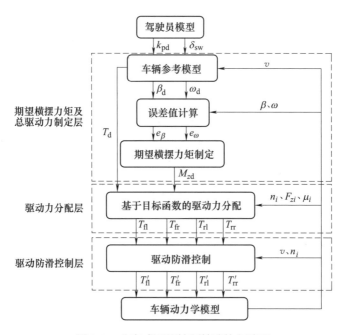

图 3-2　分布式四驱控制策略执行流程

3.1.1　期望横摆力矩及总驱动力制定

驾驶员模型模拟驾驶员的操作，输出参数为加速踏板开度 k_{pd}（0～100%）以及方向盘转角 δ_{sw}，并将参数输出至车辆参考模型，车辆参考模型负责制定总驱动力、期望质心侧偏角 β_d 和期望横摆角速度 ω_d。车辆参考模型可参考第2.2.5节七自由度车辆四驱模型，包括车辆的侧向、纵向、横摆运动以及4个车轮的旋转运动。利用该动力学模型，可以较为简便有效地分析直接横摆力矩控制中车辆的受力情况。

总驱动力 T_d 根据加速踏板开度 k_{pd} 制定，可简单采用线性关系式：

$$T_d = k_{pd}T_0 \tag{3-1}$$

式中，T_0 为常数，一般取电机最大输出转矩或在其他条件限制下（如电池）所能输出的最大转矩。

基于模糊控制理论，设计期望横摆力矩模糊控制器，如图3-3所示。控制器输入变量为期望横摆角速度 ω_d 与实际横摆角速度 ω 的差值 e_ω 以及期望质心侧偏角 β_d 与实际质心侧偏角 β 的差值 e_β；控制器输出变量为期望横摆力矩 M_{zd}。

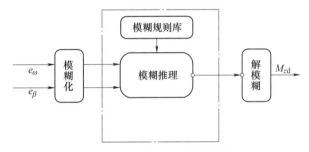

图 3-3　期望横摆力矩模糊控制器

1）模糊化：首先需要将精确的输入值经过模糊化后变成模糊值。将输入变量 e_ω 和 e_β 均分为5个模糊集，将输出变量 M_{zd} 分为7个模糊集，具体见表3-1。建立横摆角速度误差 e_ω 隶属度函数、质心侧偏角误差 e_β 隶属度函数、期望横摆力矩 M_{zd} 隶属度函数，如图3-4～图3-6所示。

2）模糊推理：模糊推理是模糊控制器的核心，即用模糊语言去描述经模糊化后的输入输出变量之间的逻辑关系，详见表3-2。

3）解模糊：在得到输出量的模糊量以后，需要经过解模糊化将模糊量转换为精确值才能用于后续的控制，有多种常用的反模糊化方法，可采用面积重心法。

表 3-1　期望横摆力矩控制器输入输出模糊集

e_ω	e_β	M_{zd}
NB（负大）	NB（负大）	NB（负大）
NS（负小）	NS（负小）	NM（负中）
ZE（零）	ZE（零）	NS（负小）
PS（正小）	PS（正小）	ZE（零）
PB（正大）	PB（正大）	PS（正小）
—	—	PM（正中）
—	—	PB（正大）

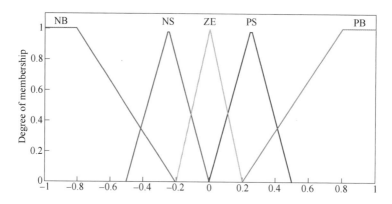

图 3-4　横摆角速度误差 e_ω 隶属度函数（见彩插）

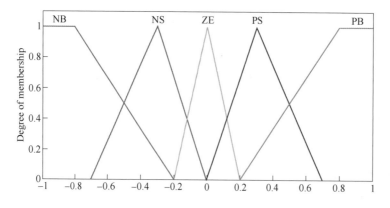

图 3-5　质心侧偏角误差 e_β 隶属度函数（见彩插）

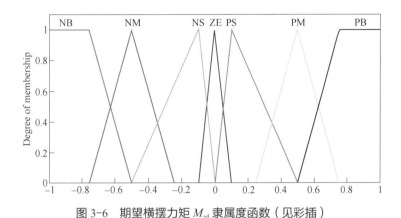

图 3-6　期望横摆力矩 M_{zd} 隶属度函数（见彩插）

表 3-2　期望横摆力矩控制器模糊规则推理

	$e_\beta(\mathrm{NB})$	$e_\beta(\mathrm{NS})$	$e_\beta(\mathrm{ZO})$	$e_\beta(\mathrm{PS})$	$e_\beta(\mathrm{PB})$
$e_\omega(\mathrm{NB})$	NB	NB	NB	NM	NM
$e_\omega(\mathrm{NS})$	NB	NM	NM	NS	NS
$e_\omega(\mathrm{ZO})$	NS	NS	ZO	PS	PS
$e_\omega(\mathrm{PS})$	PS	PS	PM	PM	PB
$e_\omega(\mathrm{PB})$	PM	PM	PB	PB	PB

3.1.2　驱动力分配

由"期望横摆力矩及总驱动力制定层"制定出总驱动力矩 T_d 后，需要将此总力矩分配到各个驱动轮，同时各驱动轮与地面作用力产生的对车辆质心的横摆力矩须符合所制定的期望横摆力矩 M_{zd}，故每个电机分配到的目标输出转矩须满足以下等式约束：

$$\begin{cases} \displaystyle\sum_{i=1}^{4} T_i = T_d \\ \dfrac{(T_{ff}+T_{fr})a\sin\delta + (T_{fr}\cos\delta - T_{ff}\cos\delta + T_{rr} - T_{rl})\dfrac{W}{2}}{r_{\mathrm{Roll}}} = M_{zd} \end{cases} \tag{3-2}$$

式中，W 为轮距，这里视前后轴轮距相等；r_{Roll} 为轮胎滚动半径。

同时，电机的输出转矩还必须满足以下不等式约束：

1）电机转矩输出不应超过电机最大输出转矩，且在驱动工况下不应输出负转矩：

$$0 \leqslant T_i \leqslant D_i T_{imax} \tag{3-3}$$

式中，D_i 为对应电机的失效因子，当电机或者电控发生故障时，会实行降功率措施，$D_i \in [0,1]$。

2）电机输出转矩还受路面条件的制约，即不应超过当前路面条件下的附着力：

$$T_i / r_{Roll} \leqslant \mu_i F_{zi} \tag{3-4}$$

式中，μ_i 为对应轮胎的当前路面附着系数；F_{zi} 为垂直载荷。

在式（3-2）～式（3-4）的约束前提下，驱动力可以依据设定不同的优化目标进行分配。可以分别单独设计基于稳定性目标和经济性目标的分配方式，并结合这两种方式，提出根据工况而定的综合目标分配方式。

1. 建立稳定性目标函数

依据四轮轮胎整体的稳定裕度最大，设计稳定性目标函数。轮胎与地面之间的最大作用力，即轮胎纵向力 F_{xi} 与侧向力 F_{yi} 的合力，受到路面条件的制约，由摩擦圆（图3-7）理论可知，该力被限定在半径为 $\mu_i F_{zi}$ 的圆内。若合力大小超过 $\mu_i F_{zi}$，则车轮会发生打滑现象；若合力越小，则离摩擦圆的边界越远，稳定裕度就越大，见式（3-5）。

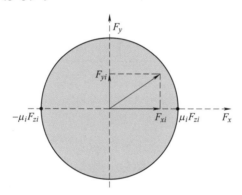

图3-7 摩擦圆

$$\sqrt{F_{xi}^2 + F_{yi}^2} \leqslant \mu_i F_{zi} \tag{3-5}$$

基于以上思路，设计了基于稳定性的目标函数 J_{stb}：

$$\min J_{stb} = \sum_{i=1}^{4} \frac{F_{xi}^2 + F_{yi}^2}{(\mu_i F_{zi})^2} \tag{3-6}$$

式（3-6）表达的含义：将4个轮胎的地面作用力的平方与附着力平方的比值相加，当和达到最小时，认为此时四轮轮胎整体的稳定裕度最大，可以应对极限工况，车辆最不容易发生打滑现象。

2. 求解稳定性目标函数

在 HSRI 轮胎模型中，轮胎侧向力和纵向力存在如下关系：

$$F_{yi} \approx \frac{C_{\alpha i} \alpha_i}{C_{\lambda i} \lambda_i} F_{xi} \tag{3-7}$$

式中，$C_{\alpha i}$ 和 $C_{\lambda i}$ 分别为轮胎在名义静态载荷下的侧偏刚度及纵向刚度；α_i 和 λ_i 分别为轮胎的侧偏角及滑转率估计值。

故式（3-6）可以写成：

$$\min J_{\text{stb}} = \sum_{i=1}^{4} \frac{F_{xi}^2 + F_{yi}^2}{\left(\mu_i F_{zi}\right)^2} = \sum_{i=1}^{4} \frac{F_{xi}^2}{\left(\mu_i F_{zi}\right)^2} \left[1 + \left(\frac{C_{\alpha i} \alpha_i}{C_{\lambda i} \lambda_i}\right)^2\right] = \sum_{i=1}^{4} \frac{k_i F_{xi}^2}{\left(\mu_i F_{zi}\right)^2}$$

$$\tag{3-8}$$

该式进一步可以写成如下形式：

$$\min J_{\text{stb}} = \boldsymbol{x}^{\text{T}} \boldsymbol{Q} \boldsymbol{x} \tag{3-9}$$

其中：

$$\boldsymbol{x} = \begin{bmatrix} F_{x\text{fl}} & F_{x\text{fr}} & F_{x\text{rl}} & F_{x\text{rr}} \end{bmatrix}^{\text{T}}$$

$$\boldsymbol{Q} = \text{diag} \left(\frac{1}{\left(\dfrac{\mu_i F_{zi}}{\sqrt{k_i}}\right)^2} \right)$$

从而该目标函数得到了一定程度上的简化。

为了在式（3-2）～式（3-4）的约束下求解目标函数 J_{stb}，通常可以采用数学规划法，而二次规划法则是数学规划法中较为常用的一种。

令：

$$\boldsymbol{q} = \begin{bmatrix} T_{\text{d}} & M_{z\text{d}} \end{bmatrix}^{\text{T}}; \qquad \boldsymbol{p} = \begin{bmatrix} T_{\text{fl}} & T_{\text{fr}} & T_{\text{rl}} & T_{\text{rr}} \end{bmatrix}^{\text{T}} = r_{\text{Roll}} \boldsymbol{x}$$

则等式约束可以写为

$$\boldsymbol{q} = \boldsymbol{B} \boldsymbol{p} \tag{3-10}$$

其中，矩阵 $\boldsymbol{B}$ 为

$$\boldsymbol{B} = \frac{1}{r_{\text{Roll}}} \begin{bmatrix} 1 & 1 & 1 & 1 \\ a\sin\delta - \dfrac{W}{2}\cos\delta & a\sin\delta + \dfrac{W}{2}\cos\delta & -\dfrac{W}{2} & -\dfrac{W}{2} \end{bmatrix}$$

等式（3-10）约束结合式（3-3）、式（3-4）的不等式约束，即可采用二次规划法进行求解，求出 4 个车轮的驱动力矩。

3.1.3　驱动防滑控制

图 3-2 设计的分布式四驱分层控制结构的最后一层为驱动防滑控制层，车辆驱动轮发生打滑时，驱动防滑控制对车辆动力性能的发挥以及车辆的侧向稳定性都起着重要作用。驱动防滑控制层包括滑转率计算模块、单轮驱动防滑、多轮转矩协调控制的驱动防滑策略。多轮转矩协调控制在单轮独立驱动防滑后进一步调整其他电机输出转矩，以调整车身姿态，消除由于实施单轮驱动防滑而带来的非期望横摆力矩，保证车辆的稳定性。驱动防滑控制流程如图 3-8 所示。

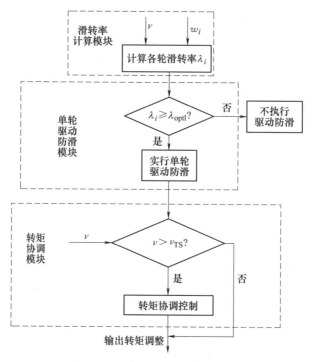

图 3-8　驱动防滑控制流程

1. 单轮驱动防滑

单轮驱动防滑以控制车轮的滑转率为目标，滑转率计算方式如下：

$$\lambda_i = \frac{v_{wi} - v}{v_{wi}} \tag{3-11}$$

式中，λ_i 为车轮滑转率；v_{wi} 为车轮切向速度；v 为车速。

当判断出 λ_i 数值大于路面的最优滑转率 $\lambda_{\text{opt}i}$ 时，则以 $\lambda_{\text{opt}i}$ 为控制目标，通过 PI 控制器调节电机输出转矩，从而将滑转率控制在最优滑转率附近。不同路面的最优滑转率有所不同，如需获取当前路面条件下的最优滑转率，会涉及路面识别技术，这里不详细讨论。图 3-9 所示为不同路面下纵向和侧向滑转率与附着系数的关系，可以看到在滑转率为 0.2 左右时，纵向和侧向的附着系数均能处于一个较大的值，可取 0.2 为最优滑转率。

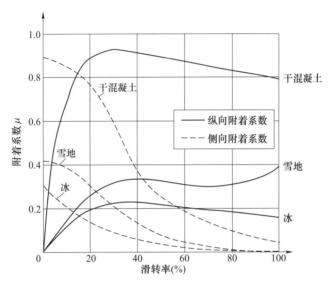

图 3-9　不同路面下纵向和侧向滑转率与附着系数的关系

驱动防滑 PI 控制器输入为滑转率偏差 $\Delta\lambda_i$（$\Delta\lambda_i = \lambda_{\text{opt}i} - \lambda_i$），输出为消除车轮打滑所需的电机转矩调整量：

$$\Delta T_i = K_{\text{P}i}\Delta\lambda_i + K_{\text{I}i}\int\Delta\lambda_i \tag{3-12}$$

式中，$K_{\text{P}i}$ 为比例系数；$K_{\text{I}i}$ 为积分系数。

2. 转矩协调控制

当车速大于一定值如 20km/h 时，如某车轮发生滑转，则对该车轮实行单轮驱动防滑控制，此时由于迅速降低了一侧车轮的驱动力，而另一侧的车轮仍然维持在较高的驱动力矩，这会使车辆产生较大的非期望横摆力矩而有可能导致失控。

采取当一侧车轮实施单轮驱动防滑后，同轴另一侧车轮进行相同值的转矩调整方案；当同轴两个车轮同时发生滑转时，以转矩调整量较大者作为两个车轮的调整值。而当车速小于 20km/h 时，认为驾驶员有能力通过调整方向盘来控制车辆稳定行驶，在实施单轮驱动防滑后不实施转矩协调控制。这样不会过多影响车辆的动力性，此外当车辆低速陷入泥泞路面时，不采取协调控制反而有利于增加车辆的脱困能力。

 基于经济性的分布式四驱控制

采用轮毂电机的分布式驱动电动汽车由于其结构紧凑、传动效率高、各驱动电机独立可控等特点，在车辆节能方面存在巨大优势。电机驱动系统是分布式驱动电动汽车主要的能量传递模块，提高其能量利用效率将有利于提高整车的能量利用率和续驶里程。基于驱动电机在不同转矩和转速下的效率特性，以经济性为优化目标对分布式驱动电动汽车 4 个驱动电机进行转矩分配，可以使整车运行效率和续驶里程得以优化改善。由于直行工况是日常驾驶的主要工况，本书主要针对直行工况进行基于经济性的驱动力分配控制设计。

3.2.1　基于经济性目标函数的驱动力控制分配

1. 建立经济性目标函数

电机在不同转速和转矩下工作时的效率不同，轮毂电机效率 MAP 图如图 3-10 所示。

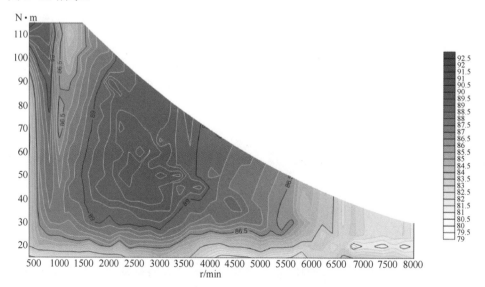

图 3-10　轮毂电机效率 MAP 图（见彩插）

可以看到，当轮毂电机工作于转矩和转速坐标图的中间位置时，电机的运行效率较高，而在低转矩、高转速区域工作时，电机的工作效率较低。分布式四驱电动汽车由四电机驱动，需要考虑 4 个轮毂电机的综合运行效率，四电机综合运行效率如下所示：

$$\eta_{\mathrm{m}} = \frac{T_{\mathrm{fl}}n_{\mathrm{fl}} + T_{\mathrm{fr}}n_{\mathrm{fr}} + T_{\mathrm{rl}}n_{\mathrm{rl}} + T_{\mathrm{rr}}n_{\mathrm{rr}}}{\dfrac{T_{\mathrm{fl}}n_{\mathrm{fl}}}{\eta(T_{\mathrm{fl}},n_{\mathrm{fl}})} + \dfrac{T_{\mathrm{fr}}n_{\mathrm{fr}}}{\eta(T_{\mathrm{fr}},n_{\mathrm{fr}})} + \dfrac{T_{\mathrm{rl}}n_{\mathrm{rl}}}{\eta(T_{\mathrm{rl}},n_{\mathrm{rl}})} + \dfrac{T_{\mathrm{rr}}n_{\mathrm{rr}}}{\eta(T_{\mathrm{rr}},n_{\mathrm{rr}})}} \tag{3-13}$$

设计以经济性为目标的目标函数 J_{eco} 应使得电机整体运行效率最大：

$$\min J_{\mathrm{eco}} = 1 / \eta_{\mathrm{m}} \tag{3-14}$$

2. 求解经济性目标函数

如果经济性目标函数仅在直线工况下采用，此时同轴电机的目标输出转矩相同且四轮转速也相同，该问题求解可以简化为前后轴转矩分配问题以及进一步简化为两轮转矩分配问题，此时式（3-13）可以简化为式（3-15），等式约束关系式（3-2）可以简化为式（3-16）：

$$\eta_{\mathrm{m}} = \frac{T_{\mathrm{f}} + T_{\mathrm{r}}}{\dfrac{T_{\mathrm{f}}}{\eta(T_{\mathrm{f}},n)} + \dfrac{T_{\mathrm{r}}}{\eta(T_{\mathrm{r}},n)}} \tag{3-15}$$

$$T_{\mathrm{f}} + T_{\mathrm{r}} = \frac{T_{\mathrm{d}}}{2} \tag{3-16}$$

与稳定性目标函数的求解一样，需要在约束式（3-2）～式（3-4）以及在当前电机转速 n 的约束下，根据图 3-10 的电机效率 MAP 图，找出使得 η_{m} 最大的 T_{f}、T_{r} 值，属于最优控制问题。

采用遗传算法（Generic Algorithms，GA）来求解该最优问题。根据具体问题所选择的适应度函数，通过复制、交叉及变异等过程对个体进行筛选，使与适应度函数适应更好的个体被保留下来，组成新的群体，且此过程是随机的，新群体对于上一代群体来说具有继承性，而且比上一代群体具有更好的适应度。经过多次循环后，群体中个体适应度不断提高，直到达到迭代次数或者预先设定的精度，整个过程模拟了适者生存和优胜劣汰的原理。

根据所要解决的电机整体效率最优的问题构造了适应度函数：

$$f\left(T_{\mathrm{f}}, T_{\mathrm{r}}\right)=\frac{1}{\eta_{\mathrm{m}}}=\frac{\dfrac{T_{\mathrm{f}}}{\eta\left(T_{\mathrm{f}}, n\right)}+\dfrac{T_{\mathrm{r}}}{\eta\left(T_{\mathrm{r}}, n\right)}}{T_{\mathrm{f}}+T_{\mathrm{r}}}=\left[\frac{T_{\mathrm{f}}}{\eta\left(T_{\mathrm{f}}, n\right)}+\frac{T_{\mathrm{r}}}{\eta\left(T_{\mathrm{r}}, n\right)}\right]\frac{2}{T_{\mathrm{d}}}$$

$$(3\text{-}17)$$

由于 T_{d} 在单次运算中为定值，式（3-17）可以简化为

$$f\left(T_{\mathrm{f}}, T_{\mathrm{r}}\right)=\frac{T_{\mathrm{f}}}{\eta\left(T_{\mathrm{f}}, n\right)}+\frac{T_{\mathrm{r}}}{\eta\left(T_{\mathrm{r}}, n\right)} \qquad (3\text{-}18)$$

遗传算法求解流程如图 3-11 所示。由于遗传算法运算速度较慢，难以在实时性要求较高的控制中应用，甚至在仿真中也会导致仿真效率较低，故可以通过采用遗传算法计算出在特定总需求转矩以及电机转速下前后电机的转矩分配系数 i：

$$\frac{i}{1-i}=\frac{T_{\mathrm{f}}}{T_{\mathrm{r}}} \qquad (3\text{-}19)$$

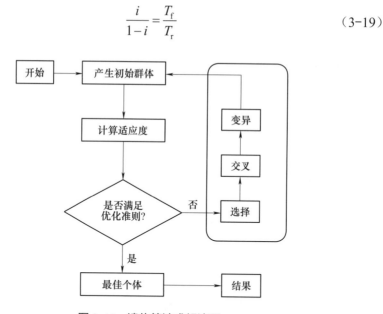

图 3-11 遗传算法求解流程

将大量数据整理成一张离线 MAP 图，在以后的仿真和试验中，只需通过插值查表的方法寻找当前总需求转矩以及电机转速下的转矩分配系数 i，便可快速计算出此时前后轴电机目标输出转矩。图 3-12 所示为通过离线计算所得的转矩分配系数 MAP 图，由于 T_{f} 和 T_{r} 在运算中地位是平等的，为了防止同一情况下出现不同的 i 值，令 $T_{\mathrm{f}}<T_{\mathrm{r}}$，即 i 最大值取 0.5。

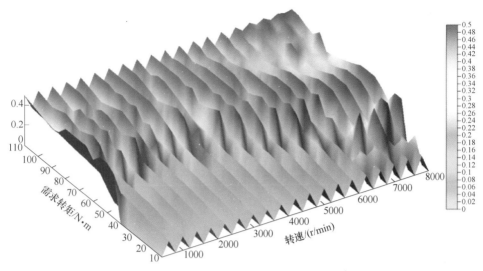

图 3-12　转矩分配系数 MAP 图（见彩插）

3.2.2　基于黄金比例算法的驱动力控制分配

为了解决经济性目标函数求解耗时问题，考虑实际驱动力控制分配的实时性，可以采用黄金比例搜索算法进行经济性转矩分配优化。

直行工况下，主要考虑前后轴电机之间的转矩分配控制，对于同轴左右两轮电机转矩采用平均分配。因此，直行工况下转矩最优分配问题可以转换为前后轴转矩分配系数 K 的确定问题，K 定义为前轴电机转矩与总需求转矩的比值，即

$$K = T_f / T_{total} \tag{3-20}$$

式中，T_f 为前轴电机转矩值；T_{total} 为总需求转矩。

在给定总需求转矩和行驶工况下，前后轴转矩分配系数 K 确定的精度和计算效率是非常重要的，采用黄金比例搜索算法可以快速精确地确定前后轴转矩分配系数 K。

黄金比例搜索算法是搜索维度为一维的一种最优化算法，主要用于确定凸函数（或凹函数）在给定区间 $[a,b]$ 内的极值点。在给定区间 $[a,b]$ 具有凸特性（或凹特性）是该算法正确使用的充分必要条件。

图 3-13 所示为黄金比例搜索算法实现流程，其中 a、b 为前后轴转矩分配系数 K 搜索区间的范围，ε 为搜索结果指定的精度，$f(x)$ 为整车综合效率函数。每次循环比较两个插入点 x_1、x_2 处的效率函数值，然后缩小搜索的区间大小，

直到达到所指定的搜索精度。因为插入点分别位于区间的 0.382 与 0.618 处，缩小后区间其中一个插入点与缩小前区间另一插入点位于同一处，因此可以减少搜索的步骤。

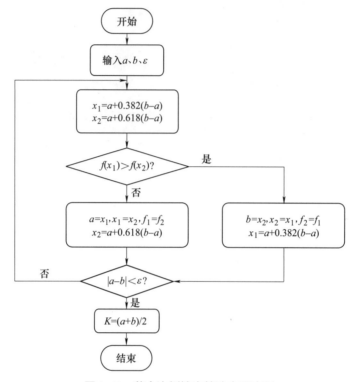

图 3-13　黄金比例搜索算法实现流程

　　搜索对象在搜索区间具有凸特性是黄金比例搜索算法适用的唯一要求。通常，单个电机的效率曲线具有凸特性，但是整个分布式四驱系统效率函数是否仍具有凸特性需要进行验证。

　　永磁同步轮毂电机在工作时，电机功率有如下关系：

$$P_{\text{in}} = P_{\text{out}} + P_{\text{loss}} \tag{3-21}$$

式中，P_{in} 为输入功率；P_{out} 为输出功率；P_{loss} 为损耗功率。

　　损耗功率 P_{loss} 包括铜损 P_{Cu}、铁损 P_{Fe}、杂散损耗 P_{s} 以及机械损耗 P_{m}，其中杂散损耗较小，通常忽略不计。机械损耗 P_{m} 是电机工作时摩擦力矩产生的。

　　铜损与铁损的计算公式为

$$P_{\text{Cu}} = R_{\text{a}} \left[\left(\frac{\omega^2 L^2}{p^2 R_{\text{i}}^2} + 1 \right) \frac{T_{\text{e}}}{p\psi_{\text{f}}} + \frac{\omega\psi_{\text{f}}}{pR_{\text{i}}} \right]^2 \tag{3-22}$$

$$P_{\text{Fe}} = \frac{\dfrac{\omega^2}{p^2}\left[\left(\dfrac{\omega^2 L^2}{pR_{\text{i}}}\dfrac{T_{\text{e}}}{p\psi_{\text{f}}} + \psi_{\text{f}}\right)^2 + \left(L\dfrac{T_{\text{e}}}{p\psi_{\text{f}}}\right)^2\right]}{R_{\text{i}}} \tag{3-23}$$

由式（3-21）～式（3-23）可以得到单个电机的输入功率为

$$\begin{aligned}
P_{\text{in}} = {} & T_{\text{e}}\omega + R_{\text{a}}\left[\left(\frac{\omega^2 L^2}{p^2 R_{\text{i}}^{\,2}} + 1\right)\frac{T_{\text{e}}}{p\psi_{\text{f}}} + \frac{\omega\psi_{\text{f}}}{pR_{\text{i}}}\right]^2 + \\
& \frac{\dfrac{\omega^2}{p^2}\left[\left(\dfrac{\omega^2 L^2}{pR_{\text{i}}}\dfrac{T_{\text{e}}}{p\psi_{\text{f}}} + \psi_{\text{f}}\right)^2 + \left(L\dfrac{T_{\text{e}}}{p\psi_{\text{f}}}\right)^2\right]}{R_{\text{i}}} + T_{\text{f}}\omega
\end{aligned} \tag{3-24}$$

式中，p 为极对数；L 为电感；R_{a} 为定子线电阻；R_{i} 为铁损电阻；ψ_{f} 为转子永磁体磁链；T_{e} 为电机输出转矩；T_{f} 为摩擦力矩；ω 为电机转速。

在电机输入功率的计算公式内的各个参数均为正值，因此当电机转速固定时，电机的损耗功率可以表示成电机转矩的二次函数，即：

$$P_{\text{loss}} = AT_{\text{e}}^{\,2} + BT_{\text{e}} + C \tag{3-25}$$

式中，A、B 和 C 均为正值。

对于前后轴的电机分别用 $i=1$、2 来表示，相应的参数为 A_i、B_i 以及 C_i，电机转矩用 T_i 表示。整车综合效率可以表示为

$$\eta_{\text{total}} = \frac{T_{\text{total}}\omega}{T_{\text{total}}\omega + P_{\text{loss}}} \tag{3-26}$$

其中，P_{loss} 为前后电机总的损耗功率：

$$P_{\text{loss}} = A_1 K^2 T_{\text{total}}^{\,2} + B_1 K T_{\text{total}} + C_1 + A_2\left(1-K\right)^2 T_{\text{total}}^{\,2} + B_2(1-K)T_{\text{total}} + C_2 \tag{3-27}$$

对电机转矩进行优化分配时，可以认为总需求力矩与各个电机的转速几乎保持不变，故仅需要对总的损耗功率进行凸特性检验即可。损耗功率对 K 求二阶偏导：

$$\frac{\partial^2 P_{\text{loss}}}{\partial K^2} = 2A_1 T_{\text{total}}^{\,2} + 2A_2 T_{\text{total}}^{\,2} > 0 \tag{3-28}$$

从式（3-28）可以看出，损耗功率是转矩分配系数 K 的凹函数，故整车综合效率 η_{total} 是前后轴转矩分配系数 K 的凸函数，可以使用黄金比例搜索

算法。

验证过整车综合效率 η_{total} 是转矩分配系数 K 的凸函数后，即可采用黄金比例搜索算法对整车总需求转矩进行分配。该算法所使用的优化目标函数即为整车综合效率 η_{total}，根据式（3-24）～式（3-26）可知，η_{total} 可以通过电机的极对数、定子线电阻、电感等内部参数计算得到。

搜索区间根据实时工况进行变化，因为 K 为 [0,1] 区间内的非负数，且保证转矩不超过电机的最大负载，故搜索区间的右边界 b 为 1 和前轴电机当前转速下最大转矩 T_{fmax} 与总需求转矩 T_{total} 比值的较小值，搜索区间的左边界 a 为 0 和后轴当前转速下最大转矩 T_{rmax} 与总需求转矩 T_{total} 比值的较大值。

$$b = \min\left\{1, \frac{T_{fmax}}{T_{total}}\right\} \tag{3-29}$$

$$a = \max\left\{0, \frac{T_{rmax}}{T_{total}}\right\} \tag{3-30}$$

算法搜索精度根据实际需求设置，本文设置算法的搜索精度 ε 为 0.00001。

在已知当前行驶工况的总需求转矩以及各个电机当前转速的情况下，根据图 3-13 所设计的黄金比例搜索算法实现流程框图，输入变量 a、b、ε 就可以求得当前行驶工况下可以使得整车运行效率最高的前后轴转矩分配系数 K。同时对同轴的左右轮电机转矩采取平均分配，就可以计算得到 4 个电机各自的输出转矩：

$$\begin{cases} T_{fl} = (KT_{total})/2 \\ T_{fr} = (KT_{total})/2 \\ T_{rl} = [(1-K)T_{total}]/2 \\ T_{rr} = [(1-K)T_{total}]/2 \end{cases} \tag{3-31}$$

 3.3 分布式驱动控制故障诊断及失效控制

3.3.1 考虑故障诊断的分布式四驱控制策略设计

由于分布式四驱电动汽车运用轮毂电机等电气化结构部件取代传统机械结构，这对控制系统的实时性和可靠性提出了更高要求。例如当电机发生故障时，可能无法提供期望的驱动转矩，若没有实时有效的控制调节，可能会导致车辆性能恶化，甚至发生车辆事故。

针对分布式四驱电动汽车的失效控制问题，可以考虑车辆不同工况下的动力性和稳定性要求，根据不同的失效工况和车辆行驶状态来协调分配各驱动轮转矩。比较简单常用的失效控制策略是令故障电机停止工作，即故障轮变为从动轮。这种控制策略没有充分利用分布式四驱电动汽车的电机冗余特性，并不是所有的电机故障都是不可逆的，需要通过停止电机工作来避免后续更严重的情况发生，很多情况下电机只是处于短时间的过电流或过温这类软性故障。

因此，针对分布式四驱电动汽车的驱动源冗余特性，考虑电机软性与硬性故障诊断需求，可以设计具有电机故障诊断及处理功能的分布式四驱控制策略。为明确定位故障轮位置和故障发生时的转矩值，引入控制增益，设计"故障诊断"模块和"失效模式判断和驱动力再分配"模块，实现基于故障诊断的驱动力二次分配。

考虑故障诊断需求设计的分布式四驱控制策略如图 3-14 所示，该策略包含三部分内容：

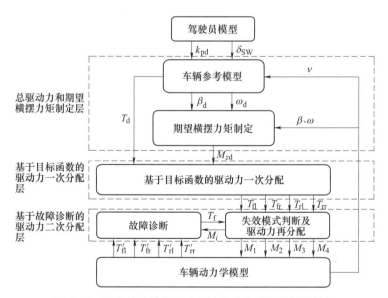

图 3-14 考虑故障诊断需求设计的分布式四驱控制策略

1）总驱动力和期望横摆力矩制定层：该层包含车辆参考模型和期望横摆力矩制定两个模块，通过接收驾驶员的操作信息以及来自车辆传感器反馈的车速、横摆角速度、质心侧偏角等状态参数，制定适合当前工况的车辆期望总驱动力和期望横摆力矩。

2）基于目标函数的驱动力一次分配层：该层基于某个目标函数，如稳定性、经济性等，在一定约束条件下计算出电机未发生故障时的期望输出转矩。

3）基于故障诊断的驱动力二次分配层：该层包含故障诊断和失效模式判断及驱动力再分配两个模块，故障诊断模块通过分析比较四轮期望转矩和传感器实际反馈的四轮转矩，判断电机是否故障，明确故障轮位置和故障程度；失效模式判断及驱动力再分配模块在电机发生故障时，基于不同故障类型重新调整四轮电机的转矩输出，使其满足稳定性或动力性等不同需求。

当电机发生故障时，要求故障诊断程序通过传感器检测到的四轮转矩以及驱动力分配层计算得到的四轮期望转矩，判断电机是否为软性故障，然后明确故障轮位置和故障严重程度，并协同电机控制器将这些故障信息处理后发送至驾驶员操纵界面；同时，将故障信息传送至驱动力分配层，采取相应的容错控制方式，以满足不同行驶目标的车辆运行状态。

3.3.2　电机故障诊断模块设计

故障探测与诊断系统的主要作用为向控制分配算法提供及时的电机错误信息。该系统的正确运行是驱动力再分配系统正确进行的先决条件。在完善的故障诊断系统中，这些信息应包括故障发生时刻、位置以及故障的具体类型。电机驱动控制器会实时识别并判断轮毂电机是否欠电压、过电流或过温等软性故障，并主动调节其输出功率。通常情况下，轮毂电机若发生上述软性故障，为了防止其元器件烧坏而演变成不可逆的硬性故障，电机控制器将降低电机的输出功率，并在未来的一段时间内将故障电机的输出功率维持在一个安全值内。电机输出转矩、输出功率与转速的关系式为

$$T = 9550\frac{P}{n} \tag{3-32}$$

式中，T 为电机输出转矩；P 为电机输出功率；n 为电机转速。

可以发现，当电机转速一定时，输出转矩与输出功率成正比。也就是说，当车辆以一定速度在路上行驶时，若故障发生，为了维持车辆当前行驶状态，需保证故障电机的转速不变，因此，输出功率的降低必将导致其输出转矩的下降。

为了能够明确定位故障轮和明确故障发生时的转矩值，这里引入一个控制增益 k_i 来描述，k_i 的定义为

$$k_i = \frac{T_i'}{T_i} \tag{3-33}$$

式中，$i \in S = \{\mathrm{fl} \quad \mathrm{fr} \quad \mathrm{rl} \quad \mathrm{rr}\}$ 分别表示左前轮、右前轮、左后轮和右后轮；T_i' 为传感器测得的电机实际输出转矩；T_i 为电机期望输出转矩。

通常，在正常情况下控制增益值为 1，若某个电机发生故障，相应的控制增益就会降低，即 $k_i < 1$，这样就能明确定位故障轮位置。同时，通过控制增益 k_i，还能明确故障发生时的电机输出转矩值，即

$$T_{\mathrm{f\_}i} = k_i T_i \tag{3-34}$$

式中，$T_{\mathrm{f\_}i}$ 为故障发生时电机输出转矩值。

因此，约束条件式为

$$0 \leqslant T_i \leqslant T_{\mathrm{f\_}i} \tag{3-35}$$

电机故障诊断模块将记录故障发生位置以及此转矩值，然后将这些数据传递给驱动力再分配模块，并降低故障轮的输出功率，调节其余正常轮的输出功率，以保证车辆能维持期望的运行状态。

3.3.3 失效模式判断及驱动力再分配模块设计

对于分布式四驱电动汽车，根据电机故障的位置和数量，可以得出 6 种类型的故障模式：单电机故障、同轴两电机故障、同侧两电机故障、异轴异侧两电机故障、三电机故障和四电机故障。

1. 单电机故障

已知当电机发生欠电压、过电流、过温等软性故障时，为了防止进一步演变为不可逆的硬性故障，其输出功率通常会降低，其输出转矩根据式（3-32）也会随之降低。假设左前轮电机发生故障，其输出转矩损失了 T，则 $T_{\mathrm{f\_fl}} = T_{\mathrm{fl}} - T$，得到：

$$\begin{cases} (T_{\mathrm{fl}} - T) + T_{\mathrm{fr}} + T_{\mathrm{rl}} + T_{\mathrm{rr}} = T_{d\_\mathrm{new}} \\ \dfrac{\left[(T_{\mathrm{fl}} - T) + T_{\mathrm{fr}}\right]a\sin\delta + \left[T_{\mathrm{fr}}\cos\delta - (T_{\mathrm{fl}} - T)\cos\delta + T_{\mathrm{rr}} - T_{\mathrm{rl}}\right]\dfrac{w}{2}}{R_{\mathrm{roll}}} = M_{zd\_\mathrm{new}} \end{cases} \tag{3-36}$$

若要使车辆能够维持期望的行驶状态，则必须保证

$$\begin{cases} T_{d\_\mathrm{new}} = T_d \\ M_{zd\_\mathrm{new}} = M_{zd} \end{cases} \tag{3-37}$$

由于左前轮电机故障而损失的侧向力可以通过增加右前轮电机转矩输出来

补偿，而纵向力的损失可以通过调整其余正常电机来进行补偿，即

$$\begin{cases} T_{\mathrm{fl\_new}} = T_{\mathrm{fl}} - T \\ T_{\mathrm{fr\_new}} = T_{\mathrm{fr}} + T \\ T_{\mathrm{rl\_new}} = T_{\mathrm{rl}} + T\cos\delta \\ T_{\mathrm{rr\_new}} = T_{\mathrm{rr}} - T\cos\delta \end{cases} \tag{3-38}$$

当发生单轮故障时，无论是侧向力还是纵向力的损失均能够通过调整其余3个电机的转矩输出来达到期望的行驶状态，既能满足稳定性需求，也满足动力性需求。同理，当右前轮、左后轮、右后轮电机发生故障时，也能被这样处理。

2. 同轴两电机故障

假设左前轮和右前轮电机发生故障，其输出转矩分别损失了 T_1 和 T_2，则 $T_{\mathrm{f\_fl}} = T_{\mathrm{fl}} - T_1$、$T_{\mathrm{f\_fr}} = T_{\mathrm{fr}} - T_2$，得到：

$$\begin{cases} (T_{\mathrm{fl}} - T_1) + (T_{\mathrm{fr}} - T_2) + T_{\mathrm{rl}} + T_{\mathrm{rr}} = T_{d\_\mathrm{new}} \\ \dfrac{\left[(T_{\mathrm{fl}} - T_1) + (T_{\mathrm{fr}} - T_2)\right]a\sin\delta + \left[(T_{\mathrm{fr}} - T_2)\cos\delta - (T_{\mathrm{fl}} - T_1)\cos\delta + T_{\mathrm{rr}} - T_{\mathrm{rl}}\right]\dfrac{w}{2}}{R_{\mathrm{roll}}} = M_{zd\_\mathrm{new}} \end{cases} \tag{3-39}$$

当同轴两电机发生故障时，纵向力的损失可以通过降低故障轴两电机的输出转矩上限，增加正常轴两电机的输出转矩上限来实现，而侧向驱动力的损失可以通过地面对轮胎的侧向反作用力在一定范围内进行补偿，或通过驾驶员调整方向盘转角来进行补偿。假设 $T_1 < T_2$，调整后的四轮转矩输出为

$$\begin{cases} T_{\mathrm{fl\_new}} = T_{\mathrm{fl}} - \dfrac{T_{\mathrm{f}} - T_{\mathrm{f\_fr}}}{2} \\ T_{\mathrm{fr\_new}} = T_{\mathrm{fr}} - \dfrac{T_{\mathrm{f}} - T_{\mathrm{f\_fr}}}{2} \\ T_{\mathrm{rl\_new}} = T_{\mathrm{rl}} + \dfrac{T_{\mathrm{f}} - T_{\mathrm{f\_fr}}}{2}\cos\delta \\ T_{\mathrm{rr\_new}} = T_{\mathrm{rr}} + \dfrac{T_{\mathrm{f}} - T_{\mathrm{f\_fr}}}{2}\cos\delta \end{cases} \tag{3-40}$$

3. 同侧两电机故障

假设左前轮和左后轮电机发生故障，其输出转矩分别损失了 T_1 和 T_3，则 $T_{\mathrm{f\_fl}} = T_{\mathrm{fl}} - T_1$、$T_{\mathrm{f\_rl}} = T_{\mathrm{rl}} - T_3$，得到：

$$\begin{cases} (T_{fl} - T_1) + T_{fr} + (T_{rl} - T_3) + T_{rr} = T_{d\_new} \\ \dfrac{\left[(T_{fl} - T_1) + T_{fr} \right] a \sin \delta + \left[T_{fr} \cos \delta - (T_{fl} - T_1) \cos \delta + T_{rr} - (T_{rl} - T_3) \right] \dfrac{w}{2}}{R_{roll}} = M_{zd\_new} \end{cases}$$

（3-41）

当同侧两电机发生故障时，电机驱动控制无法同时满足动力性和稳定性的需求，为了保证驾驶员的生命安全，这里优先满足稳定性需求。同时考虑到车辆在高速行驶时需要满足一定的动力性需求，若车辆保持直线行驶或小角度转向时，驱动力分配如下：

$$\begin{cases} T_{fl\_new} = T_{f\_fl} \\ T_{fr\_new} = T_{f\_fl} \\ T_{rl\_new} = T_{f\_rl} \\ T_{rr\_new} = T_{f\_rl} \end{cases}$$

（3-42）

若车辆进行大角度转向时，则牺牲大部分动力性能，为优先保证稳定性能，驱动力需分配如下：

$$\begin{cases} T_{fl\_new} = T_{fl} - \dfrac{T_f - T_{f\_fl}}{2} \\ \\ T_{fr\_new} = T_{fr} - \dfrac{T_f - T_{f\_fl}}{2} \\ \\ T_{rl\_new} = T_{rl} - \dfrac{T_r - T_{f\_rl}}{2} \\ \\ T_{rr\_new} = T_{rr} - \dfrac{T_r - T_{f\_rl}}{2} \end{cases}$$

（3-43）

4. 异轴异侧两电机故障

假设左前轮和右后轮电机发生故障，其输出转矩分别损失了 T_1 和 T_4，则 $T_{f\_fl} = T_{fl} - T_1$、$T_{f\_rr} = T_{rr} - T_4$，得到：

$$\begin{cases} (T_{fl} - T_1) + T_{fr} + T_{rl} + (T_{rr} - T_4) = T_{d\_new} \\ \dfrac{\left[(T_{fl} - T_1) + T_{fr} \right] a \sin \delta + \left[T_{fr} \cos \delta - (T_{fl} - T_1) \cos \delta + (T_{rr} - T_4) - T_{rl} \right] \dfrac{w}{2}}{R_{roll}} = M_{zd\_new} \end{cases}$$

（3-44）

异侧异轴两电机故障的情况与单电机故障情况类似。单电机故障时，故障电机输出转矩降低，同时也要求其对侧的正常电机输出转矩增加，以满足动力性和稳定性需求。假设 $T_1 < T_4$，则驱动转矩分配为

$$\begin{cases} T_{\text{fl\_new}} = T_{\text{fl}} - \dfrac{T_4}{\cos\delta} \\[2mm] T_{\text{fr\_new}} = T_{\text{fr}} + \dfrac{T_4}{\cos\delta} \\[2mm] T_{\text{rl\_new}} = T_{\text{rl}} + T_4 \\[2mm] T_{\text{rr\_new}} = T_{\text{rr}} - T_4 \end{cases} \qquad (3\text{-}45)$$

值得一提的是，无论 T_1 是否大于 T_4，异侧异轴两电机故障时的转矩分配对车辆动力性能的影响都很小，同单电机故障时一样，基本可以使车辆保持期望的行驶状态。

5. 三电机故障

假设左前轮、右前轮和左后轮电机发生故障，其输出转矩分别损失了 T_1、T_2 和 T_3，则 $T_{\text{f\_fl}} = T_{\text{fl}} - T_1$、$T_{\text{f\_fr}} = T_{\text{fr}} - T_2$、$T_{\text{f\_rl}} = T_{\text{rl}} - T_3$，得到：

$$\begin{cases} (T_{\text{fl}} - T_1) + (T_{\text{fr}} - T_2) + (T_{\text{rl}} - T_3) + T_{\text{rr}} = T_{d\_new} \\[3mm] \dfrac{\left[(T_{\text{fl}} - T_1) + (T_{\text{fr}} - T_2)\right]a\sin\delta + \left[(T_{\text{fr}} - T_2)\cos\delta - (T_{\text{fl}} - T_1)\cos\delta + T_{\text{rr}} - (T_{\text{rl}} - T_3)\right]\dfrac{w}{2}}{R_{\text{roll}}} \\[3mm] = M_{zd\_new} \end{cases}$$

$$(3\text{-}46)$$

在三电机故障情况下，纵向力矩的损失难以通过提高剩余电机输出功率来补偿，因此势必降低车辆动力性能来保证车辆的稳定性。假设 $T_1 > T_2$，同样考虑到车辆高速行驶状态下保持一定的动力性，若车辆保持直线行驶或小角度转向时，驱动力矩分配为

$$\begin{cases} T_{\text{fl\_new}} = T_{\text{f\_fl}} \\ T_{\text{fr\_new}} = T_{\text{f\_fl}} \\ T_{\text{rl\_new}} = T_{\text{f\_rl}} \\ T_{\text{rr\_new}} = T_{\text{f\_rl}} \end{cases} \qquad (3\text{-}47)$$

若车辆进行大角度转向时，驱动力分配为

$$\begin{cases} T_{\text{fl\_new}} = T_{\text{fl}} - \dfrac{T_{\text{f}} - T_{\text{f\_fl}}}{2} \\[2mm] T_{\text{fr\_new}} = T_{\text{fr}} - \dfrac{T_{\text{f}} - T_{\text{f\_fl}}}{2} \\[2mm] T_{\text{rl\_new}} = T_{\text{rl}} - \dfrac{T_{\text{r}} - T_{\text{f\_rl}}}{2} \\[2mm] T_{\text{rr\_new}} = T_{\text{rr}} - \dfrac{T_{\text{r}} - T_{\text{f\_rl}}}{2} \end{cases} \tag{3-48}$$

我们可以发现，三电机故障驱动力调节模式与同侧两电机故障调节模式类似，在这两种情况下，车辆往往不能保证良好的动力性能。区别在于三电机故障时，需要对比同轴两电机的最大输出转矩，取较小值进行输出。

6. 四电机故障

假设四轮电机均发生故障，其输出转矩分别损失了 T_1、T_2、T_3 和 T_4，则 $T_{\text{f\_fl}} = T_{\text{fl}} - T_1$、$T_{\text{f\_fr}} = T_{\text{fr}} - T_2$、$T_{\text{f\_rl}} = T_{\text{rl}} - T_3$、$T_{\text{f\_rr}} = T_{\text{rr}} - T_4$。当发生此故障时，与三轮故障类似，均不能保证车辆的动力性需求。当车辆直线行驶或小角度转向时，四轮的驱动力分配均为取同轴电机输出转矩的最小值；同理，当车辆进行大角度转向时，也做类似处理。

综上所述，对于不同位置、数量的驱动电机故障，根据不同的行驶工况采取动力性或稳定性优先的控制策略。同时我们也可以看到，若发生单电机故障或异轴异侧两电机故障，车辆的行驶状态基本不会受到影响；若发生同轴两电机故障，则车辆侧向力受到一些影响，但可以通过驾驶员对方向盘的操作来调整；若发生同侧两电机故障或多电机故障（3 个及以上电机发生故障），车辆的行驶状态受到较大影响，应根据不同工况采取不同的控制策略。电机软性故障和硬性故障下的驱动力再分配控制策略分别见表 3-3 和表 3-4。

表 3-3　电机软性故障下的驱动力再分配控制策略

电机故障情况及行驶工况	驱动力再分配控制策略	能否保持期望行驶状态
单电机故障，直线行驶或小转角转向工况	减小故障电机输出转矩上限并减小其对角线电机输出转矩，增大剩余两电机输出转矩	能
单电机故障，大转角转向工况		
同轴两电机故障，直线行驶或小转角转向工况	减小故障轴两电机输出转矩上限，增大正常轴两电机的输出转矩	能
同轴两电机故障，大转角转向工况		

（续）

电机故障情况及行驶工况	驱动力再分配控制策略	能否保持期望行驶状态
同侧两电机故障，直线行驶或小转角转向工况	根据车辆行驶状态相应减小故障侧两电机输出转矩上限，并随之调整正常侧两电机的输出转矩	不能，优先保证动力性
同侧两电机故障，大转角转向工况		不能，优先保证稳定性
异轴异侧两电机故障，直线行驶或小转角转向工况	减小对角线故障两电机输出转矩上限，增大剩余两电机输出转矩上限	能
异轴异侧两电机故障，大转角转向工况		
多电机故障，直线行驶或小转角转向工况	根据车辆行驶状态相应减小故障三电机输出转矩上限，并随之调整正常电机的输出转矩	不能，优先保证动力性
多电机故障，大转角转向工况		不能，优先保证稳定性

表 3-4　电机硬性故障下的驱动力再分配控制策略

电机故障情况	驱动力再分配控制策略	能否保持期望行驶状态
单电机故障	故障轴两电机输出转矩均变为 0，其余两电机输出转矩增加为原来的 2 倍	能
同轴两电机故障		
异轴异侧两电机故障	故障两电机输出转矩均变为 0，其余两电机输出转矩按比例增加	损失部分纵向加速性能
同侧两电机，多电机故障	四电机输出转矩均变为 0	尽快靠边停车

Chapter 4

第 4 章

分布式驱动车辆制动控制设计

轮毂电机分布式驱动电动汽车各车轮独立驱动，没有集中式单一电机驱动车辆的机械传动结构，这对于制动工况下的车身稳定控制提出了更高的要求。轮毂电机驱动电动汽车的制动稳定性控制，主要依据理想前后制动力分配关系、联合国欧洲经济委员会（ECE）制动法规、直接横摆力矩控制等单个或多个因素，进行电 / 机械复合制动力的分配控制。在此之上，结合制动防抱死等现有功能，实现轮毂电机驱动车辆在制动工况下的稳定性和安全性的控制目标。

另外，轮毂电机驱动车辆制动控制策略设计在满足制动稳定性和安全性的同时，还要考虑制动经济性，提高轮毂电机的制动能量回收率。在制动强度、电池荷电状态（SOC）、车速、电机最大转矩、电机最大充电功率等限制下，将制动力尽可能多地分配到电制动力上，增加再生制动能量，提升整车的续驶里程。

4.1 分布式机械 / 电复合制动控制设计

4.1.1 理想前、后制动力分配理论

基于理想前、后制动力分配理论，设计分布式驱动电动汽车的复合制动控

制策略，可以保证车辆制动稳定性及安全性。汽车制动时前、后车轮同时抱死，能够最大限度地利用附着条件，且有利于制动车辆的方向稳定性。当前、后轮都抱死时，地面作用于前、后轮的法向反作用力 F_{z1}、F_{z2} 见式（4-1）。

$$\begin{cases} F_{z1} = \dfrac{G}{L}\left(b + \varphi h_g\right) \\ F_{z2} = \dfrac{G}{L}\left(a - \varphi h_g\right) \end{cases} \tag{4-1}$$

式中，h_g 为汽车质心距离地面高度；φ 为路面附着系数；G 为车重；a 为车辆质心到前轴的距离；b 为车辆质心到后轴的距离；L 为轴距。

在附着系数为 φ 的路面上，当前、后车轮制动力之和与附着力相等且前、后轮制动力分别与各自的附着力相等时，前、后车轮同时抱死，见式（4-2）。

$$\begin{cases} F_{\mu1} + F_{\mu2} = \varphi G \\ \dfrac{F_{\mu1}}{F_{\mu2}} = \dfrac{F_{z1}}{F_{z2}} \end{cases} \tag{4-2}$$

式中，$F_{\mu1}$、$F_{\mu2}$ 为前、后轮制动力。

将式（4-1）与式（4-2）联合，消去变量 φ，得式（4-3）。

$$F_{\mu2} = \frac{1}{2}\left[\frac{G}{h_g}\sqrt{b^2 + \frac{4h_g L}{G}F_{\mu1}} - \left(\frac{Gb}{h_g} + 2F_{\mu1} \right) \right] \tag{4-3}$$

由式（4-3）画成的曲线即为前后车轮同时抱死时前后制动力的关系曲线——理想前、后轮制动力分配曲线，简称 I 曲线，如图 4-1 所示。当车辆前、后轮制动力分配比例在 I 曲线左上侧时，车辆后轮比前轮先抱死，这是一种需要被避免的不稳定工况；当车辆前、后轮制动力分配比例在 I 曲线右下侧时，车辆前轮比后轮先抱死，是稳定工况；当车辆前、后轮制动力分配比例刚好在 I 曲线上时，车辆前后轮同时抱死，是最理想的制动工况。因此，分布式驱动车辆制动时前、后车轮制动力要处于 I 曲线下方且尽可能接近 I 曲线。

联合国欧洲经济委员会提出 ECE 制动法规以保证制动车辆的方向稳定性和制动效率，对车辆前后轮制动力提出了明确的要求。将车辆空载与满载情况对应的制动力分配 I 曲线及 ECE 制动法规要求的制动曲线绘制在同一张图上，如图 4-2 所示。车辆制动时前、后轮制动力要满足 ECE 制动法规，因此制动力点要处于 ECE 曲线上方，不能处于④区域；当前、后轮制动力处于①区域时，车辆必定处于不稳定工况；当前、后轮制动力处于②区域时，由于车辆的空载满载情况并不能时刻测定，因此有一定概率会处于不稳定工况；当前、后轮制动力处于③区域时，车辆必定处于稳定工况。

因此，设计的分布式驱动电动汽车的复合制动控制策略，要尽量满足前、后轮制动力处于制动稳定工况③区域。

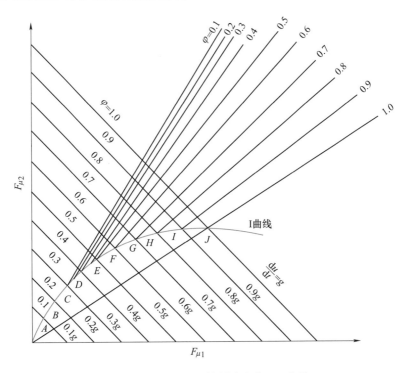

图 4-1 理想前、后轮制动力分配 I 曲线

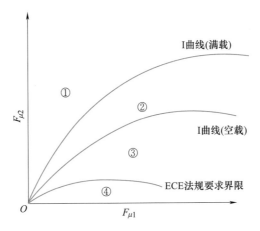

图 4-2 理想制动力分配 I 曲线与 ECE 法规要求

4.1.2　分布式机械 / 电复合制动类型

分布式驱动电动汽车的机械 / 电复合制动有并联复合制动、串联复合制动两种类型。并联复合制动形式的电动汽车，机械制动不做改造，电机制动力矩直接叠加在机械制动上，因而电制动能量回收效果一般，但该形式的制动系统对原车机械制动部分改造较少，更容易实现。串联复合制动形式的电动汽车，改造了机械制动结构，使其线控可调，因而可以更自由地调整电制动、机械制动的比例，提高能量回收率。两种制动形式的对比见表 4-1。

表 4-1　并联复合制动与串联复合制动对比

特点	并联复合制动	串联复合制动
原理	电制动直接叠加在机械制动上	电制动与机械制动自由调整比例
机械制动是否可调	否	是
能量回收率	较低	较高
稳定性控制效果	一般	较好
原车制动改造量	较少	较多
实现难度	容易实现	较难实现

复合制动系统的机械制动由传统的液压制动器提供，4 个车轮均有一套液压制动器。复合制动系统的电制动由电机提供，对于分布式四驱电动汽车来说，其 4 个车轮分别有一个轮毂电机，因而 4 个车轮的电制动力分别由 4 个轮毂电机提供。

出于安全考虑，制动强度较大（>0.7）的工况下电机制动退出，仅由液压制动器提供制动力，因此车辆的液压制动器在独立制动的情况下也要能保证车辆制动安全。通常，使用复合制动系统的电动汽车不对其液压制动器做改造，仅通过控制策略调整不同工况下电制动与机械制动的比例。

针对分布式驱动电动汽车并联制动与串联制动形式分别提出复合制动控制策略，且该策略兼顾制动稳定性与制动能量回收。

针对不改动机械制动结构的分布式并联制动的电动汽车，根据车身状态制定期望横摆力矩，在单侧车轮叠加电机制动力以提供横摆力矩保证制动稳定性，并对各轮毂电机进行制动能量回收。分布式并联制动策略逻辑如图 4-3 所示。

针对分布式串联制动的电动汽车，根据车身状态制定期望横摆力矩，根据制动踏板开度制定总制动力矩；在此基础上，在 4 个车轮之间合理分配保证整车稳定性与安全性，并将各车轮的制动力矩分配到电机制动与机械制动，保证较高的能量回收率。分布式串联制动策略逻辑如图 4-4 所示。

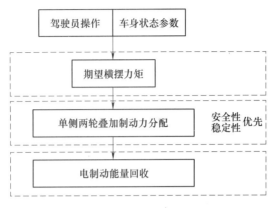

图 4-3　分布式并联制动策略逻辑

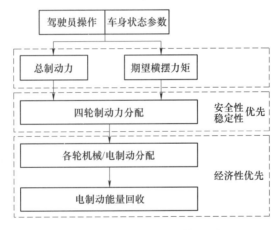

图 4-4　分布式串联制动策略逻辑

分布式并联制动控制策略

为了让车辆前、后轮制动力比例与理想制动力分配曲线尽可能接近，需要根据制动强度、载荷等因素改变前、后制动器制动力的比值，因此目前许多汽车的液压制动系统装有限压阀、比例阀等制动力调节装置。选取前、后制动力比例按照空载时的理想制动力 I 曲线分配，该分配方式能够保证车辆无论处于何种载荷情况，制动时均能保持在稳定工况，并且制动效率较高。因此，前、后轮制动力的关系满足式（4-4），且左、右轮制动力为等分。

$$\begin{cases} F_{\mu2} = \dfrac{1}{2}\left[\dfrac{G}{h_g}\sqrt{b^2 + \dfrac{4h_g L}{G}F_{\mu1}} - \left(\dfrac{Gb}{h_g} + 2F_{\mu1}\right)\right] \\ F_{\mu1} + F_{\mu2} = \dfrac{T_b}{r_{\text{Roll}}} \end{cases} \tag{4-4}$$

式中，T_b 为制动力矩；r_{Roll} 为车轮滚动半径。

在并联制动时液压制动系统是不可控的，可以通过调节单侧前后车轮上的电机制动力，产生期望横摆力矩 M_{zd}，见式（4-5），设顺时针为正方向。

$$M_{zd} \geqslant 0,\begin{cases} F_{efrb}a\sin\delta + F_{efrb}\cos\delta\dfrac{t_f}{2} + F_{errb}\dfrac{t_r}{2} = M_{zd} \\ F_{eflb} = 0 \\ F_{erlb} = 0 \end{cases}$$

$$M_{zd} < 0,\begin{cases} F_{eflb}a\sin\delta - F_{eflb}\cos\delta\dfrac{t_f}{2} - F_{erlb}\dfrac{t_r}{2} = M_{zd} \\ F_{efrb} = 0 \\ F_{errb} = 0 \end{cases} \tag{4-5}$$

式中，F_{eflb}、F_{efrb}、F_{erlb}、F_{errb} 分别为车辆左前、右前、左后、右后车轮的电机制动力；t_f 为前轴轮距；t_r 为后轴轮距。

叠加在车轮上的电机制动力也按照该比例分配，左前轮与左后轮制动力比例、右前轮与右后轮制动力比例均与理想前后轮制动力比例相同，见式（4-6）。

$$M_{zd} \geqslant 0, \frac{F_{efrb}}{F_{errb}} = \frac{F_{\mu1}}{F_{\mu2}}$$

$$M_{zd} < 0, \frac{F_{eflb}}{F_{erlb}} = \frac{F_{\mu1}}{F_{\mu2}} \tag{4-6}$$

将式（4-5）、式（4-6）联立，可以解出车辆左前、右前、左后、右后车轮的电机制动力。

在车轮上叠加电机制动力矩可能会有车轮抱死的风险，当车轮抱死时电机制动稳定策略须退出。因此，制定抱死风险系数 K_b，车轮抱死时 $K_b = 0$，其余情况 $K_b = 1$。

左前、右前、左后、右后车轮的电机制动力矩 T_{eflb}、T_{efrb}、T_{erlb}、T_{errb} 见式（4-7）。

$$\begin{cases} T_{eflb} = K_b F_{eflb} r_{Roll} \\ T_{efrb} = K_b F_{efrb} r_{Roll} \\ T_{erlb} = K_b F_{erlb} r_{Roll} \\ T_{errb} = K_b F_{errb} r_{Roll} \end{cases} \tag{4-7}$$

4.3 分布式串联制动控制策略

4.3.1 分布式四轮复合制动力

总制动力 T_b 由制动踏板开度 k_{pb} 确定，采用线性关系式计算得出。

$$T_b = k_{pb} T_{b0} \tag{4-8}$$

式中，T_{b0} 为常数，一般取整车机械制动能达到的最高制动转矩。

将总制动力矩 T_b 分配到 4 个车轮，四轮复合制动力须符合式（4-9）。

$$F_{flb} + F_{frb} + F_{rlb} + F_{rrb} = \frac{T_b}{r_{Roll}} \tag{4-9}$$

式中，F_{flb}、F_{frb}、F_{rlb}、F_{rrb} 分别为车辆左前、右前、左后、右后车轮的复合制动力，由机械制动力及电制动力组成，见式（4-10）。

$$\begin{cases} F_{flb} = F_{mflb} + F_{eflb} \\ F_{frb} = F_{mfrb} + F_{efrb} \\ F_{rlb} = F_{mrlb} + F_{erlb} \\ F_{rrb} = F_{mrrb} + F_{errb} \end{cases} \tag{4-10}$$

同并联复合制动一样，选取前、后制动力比例按照空载时的理想制动力 I 曲线分配，前、后轮制动力的关系满足式（4-4）。

左前轮与左后轮制动力比例、右前轮与右后轮制动力比例均与理想前后轮制动力比例相同。

$$\frac{F_{flb}}{F_{rlb}} = \frac{F_{frb}}{F_{rrb}} = \frac{F_{\mu 1}}{F_{\mu 2}} \tag{4-11}$$

4 个车轮与地面作用力产生的对车辆质心的横摆力矩须符合该期望横摆力矩

M_{zd}，才能够保证整车的行驶稳定性。因此，4 个车轮的制动力须符合式（4-12）。

$$\left(F_{flb}+F_{frb}\right)a\sin\delta+\left(F_{frb}\cos\delta-F_{flb}\cos\delta\right)\frac{t_f}{2}+\left(F_{rrb}-F_{rlb}\right)\frac{t_r}{2}=M_{zd} \quad (4\text{-}12)$$

将式（4-4）、式（4-11）与式（4-12）联立，可以解出车辆左前、右前、左后、右后车轮的制动力 F_{flb}、F_{frb}、F_{rlb}、F_{rrb}。

4.3.2　机械 / 电制动力分配

将四轮制动力转换为制动力矩，见式（4-13）。

$$T_i=F_i r_{Roll}\ (i=flb,frb,rlb,rrb) \quad (4\text{-}13)$$

式中，T_i 为左前、右前、左后、右后车轮的制动力矩。

在制动强度、电池 SOC 值、低车速、电机最大转矩、电机最大充电功率 5 条限制下，将车轮制动力尽可能多地分配到轮毂电机制动上，增加再生制动能量，提升整车的续驶里程等经济性能。

1. 制动强度约束

当制动强度 $z>0.7$ 时，继续使用电机制动可能会有安全风险，因此，此时电机不参与制动，只采用机械制动。当制动强度 $z<0.1$ 时，因电制动完全符合制动需求，此时将机械制动退出，只采用电制动，以此增加经济性。当制动强度 $0.1<z<0.7$ 时，电制动力根据需要叠加在机械制动力上。制动强度约束系数 K_{1b} 的取值为

$$K_{1b}=\begin{cases}1, z\leqslant 0.7 \\ 0, z>0.7\end{cases} \quad (4\text{-}14)$$

2. 电池 SOC 值约束

当电池的 SOC 值过高时，继续向电池充电可能会有过充电风险，并会影响电池的使用寿命。因此，当电池 SOC 值高于 95% 时，电机不参与制动，只采用机械制动。电池 SOC 值约束系数 K_{2b} 的取值为

$$K_{2b}=\begin{cases}1, SOC\leqslant 95\% \\ 0, SOC>95\%\end{cases} \quad (4\text{-}15)$$

3. 车速约束

当车速较低时，低转速轮毂电机进行制动时容易运行不稳定，对整车制动产生冲击，并且此时电机制动时产生的制动电流很小，发电效率很低，可回收的制动能量非常有限。因此，当车速低于 5km/h 时，轮毂电机不参与制动，只

采用机械制动；当车速在 5 ～ 10km/h 时，电机制动逐渐退出。车速约束系数 K_{3b} 的取值为

$$K_{3b} = \begin{cases} 0, & v \leqslant 5\text{km} / \text{h} \\ 0.2v - 1, & 5\text{km} / \text{h} < v < 10\text{km} / \text{h} \\ 1, & v \geqslant 10\text{km} / \text{h} \end{cases} \tag{4-16}$$

4. 电机转矩约束

各个车轮的电机制动转矩不能超过该电机在此转速下的最大转矩。电机转矩约束系数 K_{4i} 的计算方法为

$$K_{4i} = \begin{cases} 1, & T_i \leqslant T_{n\max\_i} \\ \dfrac{T_{n\max\_i}}{T_i}, & T_i > T_{n\max\_i} \end{cases} \quad (i = \text{flb}, \text{frb}, \text{rlb}, \text{rrb}) \tag{4-17}$$

式中，$T_{n\max\_i}$ 为左前、右前、左后、右后电机在此转速点上的最大转矩。

5. 电池充电功率约束

4 个车轮的电机产生的再生制动功率之和，不能超过电池的最大充电功率，避免对电池造成损害。将四轮制动力矩转换为功率，见式（4-18）。

$$P_i = \frac{T_i n_i}{9.55} (i = \text{flb}, \text{frb}, \text{rlb}, \text{rrb}) \tag{4-18}$$

式中，P_i 为左前、右前、左后、右后车轮的制动功率；n_i 为左前、右前、左后、右后车轮的转速。

若 4 个车轮制动功率之和大于电池最大充电功率 $P_{\text{bat\_max}}$，则 4 个电机的制动功率 P_{ei}^{*} 按照电池最大充电功率分配，见式（4-19）。

$$P_{ei}^{*} = P_{\text{bat\_max}} \times \frac{P_i}{P_{\text{flb}} + P_{\text{frb}} + P_{\text{rlb}} + P_{\text{rrb}}} (i = \text{flb}, \text{frb}, \text{rlb}, \text{rrb}) \tag{4-19}$$

4 个电机的制动力矩 T_{ei}^{*} 为

$$T_{ei}^{*} = P_{\text{bat\_max}} \times \frac{T_i}{P_{\text{flb}} + P_{\text{frb}} + P_{\text{rlb}} + P_{\text{rrb}}} (i = \text{flb}, \text{frb}, \text{rlb}, \text{rrb}) \tag{4-20}$$

因此，电池充电功率约束系数 K_{5b} 的取值为

$$K_{5b} = \begin{cases} 1, & P_{\text{flb}} + P_{\text{frb}} + P_{\text{rlb}} + P_{\text{rrb}} \leqslant P_{\text{bat\_max}} \\ \dfrac{P_{\text{bat\_max}}}{P_{\text{flb}} + P_{\text{frb}} + P_{\text{rlb}} + P_{\text{rrb}}}, & P_{\text{flb}} + P_{\text{frb}} + P_{\text{rlb}} + P_{\text{rrb}} > P_{\text{bat\_max}} \end{cases} \tag{4-21}$$

则，4 个车轮的轮毂电机制动力分配如下：

$$\begin{cases} T_{\text{eflb}} = K_{1b}K_{2b}K_{3b}K_{4\text{flb}}K_5 T_{\text{flb}} \\ T_{\text{efrb}} = K_{1b}K_{2b}K_{3b}K_{4\text{frb}}K_5 T_{\text{frb}} \\ T_{\text{erlb}} = K_{1b}K_{2b}K_{3b}K_{4\text{rlb}}K_5 T_{\text{rlb}} \\ T_{\text{errb}} = K_{1b}K_{2b}K_{3b}K_{4\text{rrb}}K_5 T_{\text{rrb}} \end{cases} \qquad (4-22)$$

4 个车轮的机械制动力分配如下：

$$\begin{cases} F_{\text{mflb}} = F_{\text{flb}} - F_{\text{eflb}} \\ F_{\text{mfrb}} = F_{\text{frb}} - F_{\text{efrb}} \\ F_{\text{mrlb}} = F_{\text{rlb}} - F_{\text{erlb}} \\ F_{\text{mrrb}} = F_{\text{rrb}} - F_{\text{errb}} \end{cases} \qquad (4-23)$$

第 5 章

分布式驱动车辆差动转向技术

分布式驱动车辆可以充分利用轮毂电机左右轮独立驱动控制，以此实现差动转向。差动转向是指车辆依靠左右驱动轮在不同驱动力作用下产生的转速差完成转向动作。差动转向技术目前主要分为具有转向系统的差动辅助转向与没有转向系统的差速驱动转向。对于多轮驱动车辆尤其是军用多轴车辆而言，依靠转向系统的车辆转向在恶劣的野区条件下难以正常工作。因此，去除转向系统，完全依靠差动转向不仅具有良好的机动性，还能实现转向半径为 0 的原地转向功能，大大提升了军用车辆的作战能力。本章基于一辆三轴六轮毂电机驱动无人车辆，介绍多轴多轮差动转向技术。

三轴车辆差动转向运动学分析

5.1.1　三轴车辆坐标系

多轴车辆进行运动学建模分析时，为了掌握操纵稳定性的基本特性，通常会适当简化模型变量，并采用不同坐标系来描述车辆不同状态参数。车辆动力学建模较为常见的坐标系有惯性坐标系、车身坐标系、轮胎坐标系等，多轴车辆的运动学模型采用惯性坐标系与车身坐标系相结合，如图 5-1 所示。

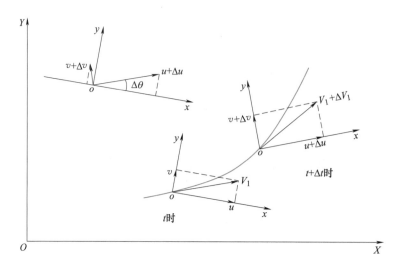

图 5-1　三轴车辆运动分析坐标系示意图

（1）惯性坐标系

惯性坐标系是为了简化世界坐标系与物体坐标系之间的转换而引入的一种坐标系，惯性坐标系无加速运动，其相对于地球静止或做匀速直线运动。本章采用的惯性平面坐标系 XOY 相对于地球静止，即原点 O 固结于地面，X 轴正向为沿着直线的前进方向，Y 轴垂直于 X 轴，车辆行驶路径落于坐标轴的第一象限内，便于分析车辆运动。惯性平面坐标系固定不动，可以此确定车辆绝对运动状态的参数，如车身质心位置、车辆速度和车辆质心加速度等。

（2）车身坐标系

车身坐标系 $oxyz$ 是以车辆质心为原点的坐标系，随车辆运动而运动。沿着车身对称线，指向车辆前进方向的为其 x 轴正向，垂直于 x 轴并指向车辆左侧的为 y 轴正向，z 轴竖直向上。对于车身坐标系，汽车的质量分布参数如转动惯量等都为常数，因而对于车辆运动学方程的求解十分重要。本章研究的车辆运动学方程为平面坐标系，故车身坐标系为 oxy。

（3）坐标系转换

由于不同的车辆运动变量采用不同坐标系，因此在计算求解过程中需用到坐标系的转换。对于平面坐标系的旋转情况，如图 5-2 所示。

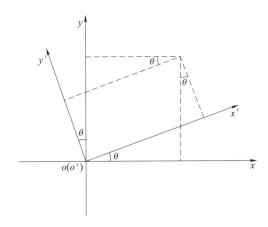

图 5-2　平面坐标系旋转示意图

坐标系 oxy 经逆时针旋转 θ 角度后可与坐标系 $o'x'y'$ 重合，对于平面内任意 3 一点，在坐标系 oxy 中表示为 (x, y)，在坐标系 $o'x'y'$ 中表示为 (x', y')，其坐标关系可描述为

$$\begin{cases} x = x'\cos\theta - y'\sin\theta \\ y = x'\sin\theta + y'\cos\theta \end{cases} \tag{5-1}$$

用矩阵向量可表示为

$$\begin{bmatrix} x' \\ y' \end{bmatrix} = \begin{bmatrix} \cos\theta & \sin\theta \\ -\sin\theta & \cos\theta \end{bmatrix} \begin{bmatrix} x \\ y \end{bmatrix} \tag{5-2}$$

而对于平面坐标系的平移，若坐标系 oxy 经平移 (a, b) 后可与坐标系 $o'x'y'$ 重合，则对于平面任意一点，其在坐标系 oxy 中 (x, y) 与坐标系 $o'x'y'$ 中 (x', y') 的关系可用矩阵向量表示为

$$\begin{bmatrix} x' \\ y' \end{bmatrix} = \begin{bmatrix} x \\ y \end{bmatrix} + \begin{bmatrix} a \\ b \end{bmatrix} \tag{5-3}$$

同理，对于任意的空间坐标系 $OXYZ$ 与空间坐标系 $oxyz$，可以通过将 3 个坐标轴分别旋转一定角度后再平移 (a, b, c)，实现 2 个坐标系坐标轴的重合。因而，对于空间中任意一点，其在空间坐标系 $OXYZ$ 中 (X, Y, Z) 与空间坐标系 $oxyz$ 中 (x, y, z) 的关系可用矩阵向量表示为

$$\begin{bmatrix} x \\ y \\ z \end{bmatrix} = \begin{bmatrix} \cos\theta_3 & \sin\theta_3 & 0 \\ -\sin\theta_3 & \cos\theta_3 & 0 \\ 0 & 0 & 1 \end{bmatrix} \begin{bmatrix} \cos\theta_2 & 0 & -\sin\theta_2 \\ 0 & 1 & 0 \\ \sin\theta_2 & 0 & \cos\theta_2 \end{bmatrix} \begin{bmatrix} 1 & 0 & 0 \\ 0 & \cos\theta_1 & \sin\theta_1 \\ 0 & -\sin\theta_1 & \cos\theta_1 \end{bmatrix} \begin{bmatrix} X \\ Y \\ Z \end{bmatrix} + \begin{bmatrix} a \\ b \\ c \end{bmatrix}$$

$$(5\text{-}4)$$

5.1.2　三轴车辆运动学方程

根据图 5-1，XOY 为惯性平面坐标系，xoy 为车身平面坐标系，o 为车辆质心，ox 与 oy 为车身坐标系的纵轴与横轴，V_1 为车辆质心绝对速度，u、v 为质心绝对速度 t 时在 ox 轴与 oy 轴上的分量。由于车辆在转向行驶时伴随有平移和转动，故而在 $t+\Delta t$ 时刻，质心绝对速度的大小和方向均发生了改变，其在 ox 轴与 oy 轴上的分量变为了 $u+\Delta u$ 和 $v+\Delta v$，而 ox 轴与 oy 轴的方向也发生了偏转，偏转角度为 $\Delta\theta$。我们可以得到车辆质心速度在 ox 轴与 oy 轴上分量的变化：

$$\begin{cases} \Delta v_x = (u+\Delta u)\cos\Delta\theta - u - (v+\Delta v)\sin\Delta\theta \\ \quad\quad = u\cos\Delta\theta + \Delta u\cos\Delta\theta - u - v\sin\Delta\theta - \Delta v\sin\Delta\theta \\ \Delta v_y = (v+\Delta v)\cos\Delta\theta - v + (u+\Delta u)\sin\Delta\theta \\ \quad\quad = v\cos\Delta\theta + \Delta v\cos\Delta\theta - v - u\sin\Delta\theta - \Delta u\sin\Delta\theta \end{cases} \quad (5\text{-}5)$$

由于 $\Delta\theta$ 和二阶微量趋近于零，式（5-5）可简化为

$$\begin{cases} \Delta v_x = \Delta u - v\Delta\theta \\ \Delta v_y = \Delta v + u\Delta\theta \end{cases} \quad (5\text{-}6)$$

将式（5-6）对时间 t 求微分，便可得到车辆质心加速度在车身坐标系 ox 轴与 oy 轴上的分量：

$$\begin{cases} a_x = \dfrac{\mathrm{d}u}{\mathrm{d}t} - v\dfrac{\mathrm{d}\theta}{\mathrm{d}t} = \dot{u} - v\omega \\ a_y = \dfrac{\mathrm{d}v}{\mathrm{d}t} + u\dfrac{\mathrm{d}\theta}{\mathrm{d}t} = \dot{v} + u\omega \end{cases} \quad (5\text{-}7)$$

式中，ω 为车辆的横摆角速度。

而车辆的质心侧偏角 β 可表示为

$$\beta = \arctan\frac{v}{u} \quad (5\text{-}8)$$

当车辆行驶时的纵向速度 v_x 远大于横向速度 v_y 时，即车辆的质心侧偏角很小，此时有 $\beta = \arctan\dfrac{v}{u} \approx \dfrac{v}{u}$。

5.2 三轴车辆差动转向动力学分析

5.2.1 三轴车辆整车动力学模型

无转向机构的三轴六轮毂电机驱动车辆与普通车辆的动力学特性最明显的区别就在转向过程中，因车辆本身无转向机构，其轮胎不存在车轮转角，故而需根据各轮胎的轮速与侧偏特性进行分析。同时六轮车辆具有前、中、后三轴，动力学模型参数增加，无法用普通的二轴车辆模型进行分析，因此需要建立三轴车辆的整车动力学模型，更好地分析车辆行驶时的动态特性。依照六轮差动车辆的车身特性，参考七自由度车辆模型，简化建立了三轴车辆的三自由度模型，用以分析车辆的纵向运动、横向运动与绕 z 轴的横摆运动，如图 5-3 所示。

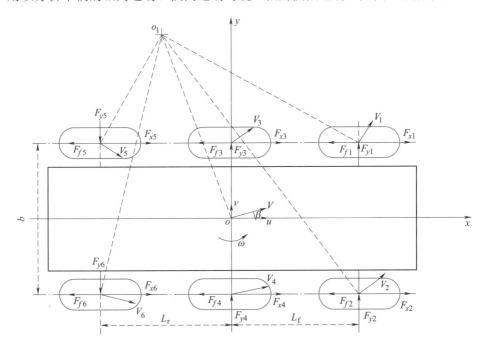

图 5-3 三自由度车辆模型

如图 5-3 所示，该模型假设车辆的质心与几何中心重合，并且整体成几何对称性；考虑车辆正常行驶速度较低，忽略空气阻力的作用。车身坐标系 $oxyz$ 的原点 o 固结于车辆的质心，o_1 为车辆瞬时转向中心，V 为车辆质心的绝对速度，u、v 为其在 ox 轴和 oy 轴上的分量，F_{xi}、F_{yi}、F_{fi}、V_i（$i=1,2,3,\cdots,6$）分别为 6 个轮胎的纵向力、侧向力、滚动阻力、轮心绝对速度，ω 为车辆横摆角速度，

β 为车辆的质心侧偏角，L_f、L_r 分别为车辆前轴到中轴的距离与后轴到中轴的距离，均等于 L。

假设转向半径 $R > \dfrac{b}{2}$，车辆进行的是同轴同向差动，根据力与力矩平衡原则，可列出三自由度三轴车辆模型的动力学平衡方程式：

$$\begin{cases} ma_x = F_{x1} + F_{x2} + F_{x3} + F_{x4} + F_{x5} + F_{x6} - F_{f1} - F_{f2} - F_{f3} - F_{f4} - F_{f5} - F_{f6} \\ ma_y = F_{y1} + F_{y2} + F_{y3} + F_{y4} + F_{y5} + F_{y6} \\ J_z\dot\omega = \left(F_{x2} - F_{x1} + F_{x4} - F_{x3} + F_{x6} - F_{x5}\right)\dfrac{b}{2} + \left(F_{f1} - F_{f2} + F_{f3} - F_{f4} + F_{f5} - F_{f6}\right)\dfrac{b}{2} \\ \qquad\qquad + \left(F_{y1} + F_{y2} - F_{y5} - F_{y6}\right)L \end{cases}$$

$$(5\text{-}9)$$

式中，m 为整车质量；a_x、a_y 为车辆质心绝对加速度在 ox 轴和 oy 轴上的分量；J_z 为车辆绕轴的转动惯量；$\dot\omega$ 为车辆横摆角速度的角加速度；b 为轮距。

5.2.2　三轴车辆质心侧偏角估算

根据车辆运动学方程可得出车辆转向时各轮的轮胎侧偏角 α_i：

$$\begin{cases} \alpha_1 = \tan\alpha_1 = \dfrac{v_1}{u_1} = \dfrac{v + \omega L}{u - \omega\dfrac{b}{2}} \\[3mm] \alpha_2 = \tan\alpha_2 = \dfrac{v_2}{u_2} = \dfrac{v + \omega L}{u + \omega\dfrac{b}{2}} \\[3mm] \alpha_3 = \tan\alpha_3 = \dfrac{v_3}{u_3} = \dfrac{v}{u - \omega\dfrac{b}{2}} \\[3mm] \alpha_4 = \tan\alpha_4 = \dfrac{v_4}{u_4} = \dfrac{v}{u + \omega\dfrac{b}{2}} \\[3mm] \alpha_5 = \tan\alpha_5 = \dfrac{v_5}{u_5} = \dfrac{v - \omega L}{u - \omega\dfrac{b}{2}} \\[3mm] \alpha_6 = \tan\alpha_6 = \dfrac{v_6}{u_6} = \dfrac{v - \omega L}{u + \omega\dfrac{b}{2}} \end{cases}$$

$$(5\text{-}10)$$

由于车轮的侧向力与地面上产生的侧偏力等大反向，因此可以得到各轮的侧向力：

$$\begin{cases} F_{y1}=-k_1\alpha_1=-k_1\dfrac{v+\omega L}{u-\omega\dfrac{b}{2}} \\[4mm] F_{y2}=-k_2\alpha_2=-k_2\dfrac{v+\omega L}{u+\omega\dfrac{b}{2}} \\[4mm] F_{y3}=-k_3\alpha_3=-k_3\dfrac{v}{u-\omega\dfrac{b}{2}} \\[4mm] F_{y4}=-k_4\alpha_4=-k_4\dfrac{v}{u+\omega\dfrac{b}{2}} \\[4mm] F_{y5}=-k_5\alpha_5=-k_5\dfrac{v-\omega L}{u-\omega\dfrac{b}{2}} \\[4mm] F_{y6}=-k_6\alpha_6=-k_6\dfrac{v-\omega L}{u+\omega\dfrac{b}{2}} \end{cases} \tag{5-11}$$

式中，k_i（$i=1$，2，$\cdots$，6）为车辆各轮胎的侧偏刚度。

由差动转向运动学方程可知，在转向时车辆的质心侧偏角可表示为

$$\beta=\arctan\frac{v}{u}\approx\frac{v}{u} \tag{5-12}$$

因此，各轮胎的侧偏角可以写成与 β 相关的方程式：

$$\begin{cases} \alpha_1=\dfrac{v+\omega L}{u-\omega\dfrac{b}{2}}=\dfrac{\beta+\dfrac{\omega L}{u}}{1-\dfrac{1}{2}\dfrac{b\omega}{u}} \\[5mm] \alpha_2=\dfrac{v+\omega L}{u+\omega\dfrac{b}{2}}=\dfrac{\beta+\dfrac{\omega L}{u}}{1+\dfrac{1}{2}\dfrac{b\omega}{u}} \\[5mm] \alpha_3=\dfrac{v}{u-\omega\dfrac{b}{2}}=\dfrac{\beta}{1-\dfrac{1}{2}\dfrac{b\omega}{u}} \\[5mm] \alpha_4=\dfrac{v}{u+\omega\dfrac{b}{2}}=\dfrac{\beta}{1+\dfrac{1}{2}\dfrac{b\omega}{u}} \\[5mm] \alpha_5=\dfrac{v-\omega L}{u-\omega\dfrac{b}{2}}=\dfrac{\beta-\dfrac{\omega L}{u}}{1-\dfrac{1}{2}\dfrac{b\omega}{u}} \\[5mm] \alpha_6=\dfrac{v-\omega L}{u+\omega\dfrac{b}{2}}=\dfrac{\beta-\dfrac{\omega L}{u}}{1+\dfrac{1}{2}\dfrac{b\omega}{u}} \end{cases} \tag{5-13}$$

将式（5-7）、式（5-11）、式（5-13）代入式（5-9）中，可以求解出车辆质心侧偏角的表达式：

$$\beta = \frac{4u\omega L(k_5 + k_6 - k_1 - k_2) + 2b\omega^2 L(k_2 - k_1 + k_5 - k_6) - m(\dot{v} + u\omega)(4u^2 - b^2\omega^2)}{2u\left[2u(k_1 + k_2 + k_3 + k_4 + k_5 + k_6) + b\omega(k_1 - k_2 + k_3 - k_4 + k_5 - k_6)\right]}$$

$$(5\text{-}14)$$

当车辆在转向过程时进入稳态响应，此时 $\dot{v} = 0$，质心侧偏角估算值可以简化成：

$$\beta = \frac{4u\omega L(k_5 + k_6 - k_1 - k_2) + 2b\omega^2 L(k_2 - k_1 + k_5 - k_6) + mub^2\omega^3 - 4mu^3\omega}{2u\left[2u(k_1 + k_2 + k_3 + k_4 + k_5 + k_6) + b\omega(k_1 - k_2 + k_3 - k_4 + k_5 - k_6)\right]}$$

$$(5\text{-}15)$$

质心侧偏角被转化成车速与横摆角速度的关系式，其数值均能从车载传感器中实时获取，具有良好的简易性与可行性。

5.2.3　三轴车辆垂直载荷分布估算

车辆在匀速直线行驶时，左右两侧车轮的垂直载荷大体上是相等的，且车身的变形远小于悬架与轮胎的变形，质心位置并不会因此发生改变，因而将车身视为刚体。由于车辆前轴到中轴的距离与后轴到中轴的距离均为 L，因而在静止或匀速直线行驶的平衡条件下，各轮胎的静态垂直载荷为

$$F_{z1} = F_{z2} = F_{z3} = F_{z4} = F_{z5} = F_{z6} = \frac{1}{6}mg \qquad (5\text{-}16)$$

在车辆进行转弯时，车身会产生一定的侧倾，内侧轮胎上的载荷会向外侧进行转移，同时，车辆由于存在纵向加速度与侧向加速度，也会导致不同轴上左右两侧车轮的垂直载荷进行重新分配。由于车轮的垂直载荷与受到地面的垂直反作用力在数值上是相等的，我们可以通过分析车辆各轮受到地面的垂直反作用力的情况来分析各轴及左右侧车轮垂直载荷的重新分配情况，即将静态下车辆受到地面的垂直反作用力形成的平衡力系分离出去，通过计算车辆的纵向加速度、侧向加速度及侧倾力矩引起的地面垂直反作用力变动量来确定各轮的垂直载荷。

在分析车辆各轮受到地面的垂直反作用力时，我们可以将三轴车辆简化成图 5-4 所示的模型：6 个车轮与王字型三轴车架由主视图呈现，车厢上作用的离

心力与各轴铰链处的侧向反作用力的关系图由俯视图呈现。车辆前轴到中轴的距离与后轴到中轴的距离均为 L，轮距为 b。因车厢质量近似等于整车质量，故而车厢质量仍取为 m。车厢上作用的离心力为 F_{sy}，纵向加速度引起的纵向力为 F_{sx}，因侧倾角 Φ_r 产生的悬架作用于车厢的恢复力矩为 $T_{\Phi r}$。

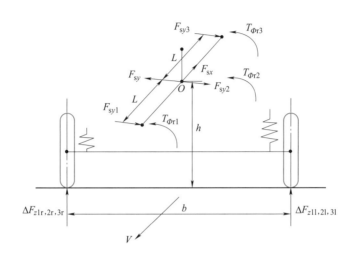

图 5-4　垂直载荷分析简化模型

对于纵向加速度引起的垂直载荷迁移，由于车辆前轴到中轴的距离与后轴到中轴的距离均为 L，故前轴与后轴垂直反力的变动量为

$$\Delta F_{z1} = -\Delta F_{z3} \tag{5-17}$$

对质心处取平衡方程，则有：

$$2L\Delta F_{z3} = F_{sx}h \tag{5-18}$$

因此可得纵向加速度引起的前后轴左右两侧垂直载荷变动量：

$$\begin{cases} \Delta F_{z1l} = \Delta F_{z1r} = -\dfrac{1}{4}ma_x\dfrac{h_1}{L} \\[2mm] \Delta F_{z3l} = \Delta F_{z3r} = \dfrac{1}{4}ma_x\dfrac{h_3}{L} \end{cases} \tag{5-19}$$

对于侧向加速度引起的垂直载荷迁移，我们可以得出前中后各轴铰链处的侧向反作用力 F_{sy1}、F_{sy2}、F_{sy3}：

$$F_{sy1} = F_{sy2} = F_{sy3} = \frac{1}{3}F_{sy} = \frac{1}{3}ma_y \tag{5-20}$$

对于前、中、后轴悬架作用于车厢的恢复力矩，则为

$$\begin{cases} T_{\varPhi r1} = K_{\varPhi r1} \varPhi_r \\ T_{\varPhi r2} = K_{\varPhi r2} \varPhi_r \\ T_{\varPhi r3} = K_{\varPhi r3} \varPhi_r \end{cases} \quad (5\text{-}21)$$

式中，$K_{\varPhi r1}$、$K_{\varPhi r2}$、$K_{\varPhi r3}$ 为前、中、后轴悬架的侧倾角刚度；$\varPhi_r$ 为车身侧倾角。

将等效模型前中后轴作为隔离体，并忽略轴上非悬架质量产生的离心力，可求出侧向加速度与侧倾力矩引起左右两侧各轴车轮垂直反力的变动量：

$$\begin{cases} b\Delta F_{z1r} = F_{sy1}h_1 + T_{\varPhi r1} = \dfrac{1}{3}ma_yh_1 + K_{\varPhi r1}\varPhi_r \\ \qquad\qquad \Delta F_{z1l} = -\Delta F_{z1r} \\ b\Delta F_{z2r} = F_{sy2}h_2 + T_{\varPhi r2} = \dfrac{1}{3}ma_yh_2 + K_{\varPhi r2}\varPhi_r \\ \qquad\qquad \Delta F_{z2l} = -\Delta F_{z2r} \\ b\Delta F_{z3r} = F_{sy3}h_3 + T_{\varPhi r3} = \dfrac{1}{3}ma_yh_3 + K_{\varPhi r3}\varPhi_r \\ \qquad\qquad \Delta F_{z3l} = -\Delta F_{z3r} \end{cases} \quad (5\text{-}22)$$

式中，ΔF_{z1l}、ΔF_{z1r}、ΔF_{z2l}、ΔF_{z2r}、ΔF_{z3l}、ΔF_{z3r} 依次为左前、右前、左中、右中、左后、右后车轮垂直反力的变动量；h_1、h_2、h_3 分别为前中后轴侧倾中心的高度，近似都等于质心高度 h。

将转移的各车轮载荷变量重新分配后，可以得到转向时每个车轮的垂直载荷：

$$\begin{cases} F_{z1l} = \dfrac{1}{6}mg - \dfrac{1}{4}ma_x\dfrac{h_1}{L} - \dfrac{1}{3}ma_y\dfrac{h}{b} - K_{\varPhi r1}\dfrac{\varPhi_r}{b} \\ F_{z1r} = \dfrac{1}{6}mg - \dfrac{1}{4}ma_x\dfrac{h_1}{L} + \dfrac{1}{3}ma_y\dfrac{h}{b} + K_{\varPhi r1}\dfrac{\varPhi_r}{b} \\ \quad F_{z2l} = \dfrac{1}{6}mg - \dfrac{1}{3}ma_y\dfrac{h}{b} - K_{\varPhi r2}\dfrac{\varPhi_r}{b} \\ \quad F_{z2r} = \dfrac{1}{6}mg + \dfrac{1}{3}ma_y\dfrac{h}{b} + K_{\varPhi r2}\dfrac{\varPhi_r}{b} \\ F_{z3l} = \dfrac{1}{6}mg + \dfrac{1}{4}ma_x\dfrac{h_1}{L} - \dfrac{1}{3}ma_y\dfrac{h}{b} - K_{\varPhi r3}\dfrac{\varPhi_r}{b} \\ F_{z3r} = \dfrac{1}{6}mg + \dfrac{1}{4}ma_x\dfrac{h_1}{L} + \dfrac{1}{3}ma_y\dfrac{h}{b} + K_{\varPhi r3}\dfrac{\varPhi_r}{b} \end{cases} \quad (5\text{-}23)$$

5.3 三轴六轮驱动车辆差动转向控制策略设计

5.3.1 差动转向控制整体框架

研究对象是一辆无转向机构的六轮毂电机驱动电动无人车辆，以野区作战的战备物资运送为工作目标，崎岖山路等极端恶劣的路面是该车辆的特有工作环境。针对复杂路面工作条件，该车辆采取无人驾驶方式，通过无线遥控远程操控车辆行驶；同时为了保障车辆在极端路面条件下具备正常转向功能与实现原地转向功能，该车辆不具备转向系统，而是通过各车轮间差速转动实现车辆的转向功能。

六轮毂电机驱动无人车辆动力系统的结构组成如图 5-5 所示，采用轮毂电机直驱形式，6 个轮毂电机分别安装在每个车轮的轮辋内，并配有相应的电机控制器。装有差动控制程序的整车控制器通过 CAN 总线向各轮毂电机控制器发送运动指令，电机控制器接收到指令后控制轮毂电机输出给定的驱动力矩直接作用于车轮，驱动无人车辆运行。

对于六轮毂电机驱动无人车辆而言，其行驶功能完全由驱动力的分配来实现，车辆行驶的安全也取决于控制策略的稳定性与可靠性。因此，在设计控制策略时，需充分考虑车辆的工作条件与功能需求，确保车辆在复杂路面条件下能安全行驶与稳定转向。

基于补偿横摆力矩控制原理，通过补偿横摆力矩的制定来控制各轮的驱动力分配情况，从而调节车辆的车身姿态与行驶路线。该控制策略（图 5-6）分别考虑无人车辆在直行、转向与原地转向工况下的行驶，采用分层结构，设计了三层驱动控制策略：第一层为平台输入指令转换层，通过接收遥控平台发出的前进与转向指令，制定车辆所需的总驱动力矩与需求转向半径，同时根据动力学模型计算车辆行驶时的横摆角速度期望值与质心侧偏角实际值；第二层为补偿横摆力矩制定层，根据上一层所求得的控制目标期望值与实际值的偏差，按照模糊控制理论制定车辆提高行驶稳定性所需的补偿横摆力矩值；第三层为基于稳定性的驱动力矩分配层，分别考虑车辆的直线行驶工况、差速转向工况与原地转向工况，根据补偿横摆力矩与约束条件进行驱动力分配。

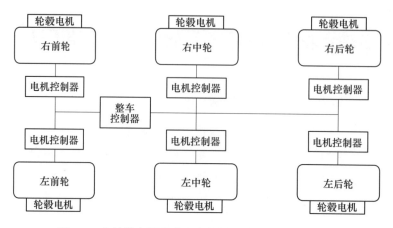

图 5-5　六轮毂电机驱动无人车辆动力系统的结构组成

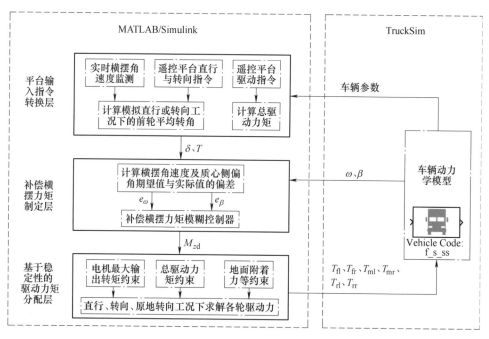

图 5-6　六轮毂电机差动转向控制策略图

5.3.2　车辆控制参数计算

六轮毂电机驱动无人车辆行驶的依据是操控者通过遥控平台发出的行驶指令，因此需要将遥控平台的行驶指令转换成模型运行所需的数字信号。

1. 总驱动力矩制定

车辆行驶时的总驱动力矩 T_d 与遥控平台给的驱动程度指令 k_d 成线性关系，如下所示：

$$T_d = k_d T_0 \qquad (5-24)$$

式中，T_0 为电机总的最大输出转矩；k_d 为遥控平台的驱动程度指令，其取值范围为 [−1，1]，当 k_d 为负值时，表明电机输出与前进方向反向的转矩，以此进行车辆的制动。

六轮驱动无人车辆使用的轮毂电机 MAP 图如图 5-7 所示。

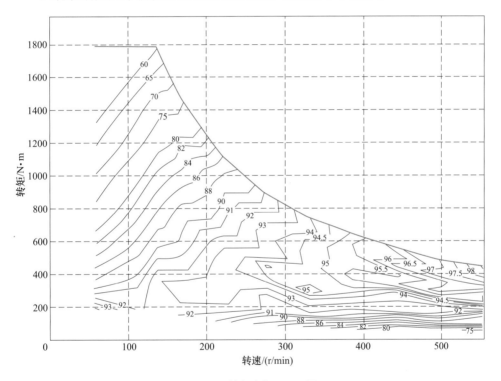

图 5-7 轮毂电机 MAP 图

电机低速衡转矩，在低转速工况下，电机的最大输出转矩为 1792.6N·m，随着电机的转速 n 不断升高，电机的最大输出转矩也在逐渐降低。根据轮毂电机 MAP 图，可以得到最大总驱动力矩 T_0 的表达式：

$$T_0 = \begin{cases} 10755.6, & n \leqslant 135 \\ \dfrac{135}{n} \times 10755.6, & n > 135 \end{cases} \qquad (5-25)$$

2. 期望横摆角速度计算

在转向过程中，由于差动转向车辆本身并不具备转向机构，遥控平台根据发出的转向角度指令 δ 控制车辆按照既定路线转向。转向角度指令 δ 是指前轮转向三轴车辆需要完成既定转向行驶轨迹所需的前轮转角输入。因此，根据转向角度指令 δ，基于等效的前轮转向三轴车辆模型便可以得到转向过程中车辆所需的期望横摆角速度，如图 5-8 所示。

为了更好地分析三轴车辆行驶时的横摆稳定性，参考线性二自由度汽车模型，我们将六轮三轴车辆简化为线性二自由度三轴车辆模型进行研究。遥控平台发出的转向角度指令 δ 直接等效于前轮转角作为输入；忽略悬架的作用，不考虑车辆转向时的俯仰运动与侧倾运动；转向时车辆行驶速度较小，忽略空气阻力的影响，忽略垂直载荷分布引起的轮胎特性变化，并假定轮胎的侧偏特性处于线性范围；在稳态转向情况下，认为车辆在 x 轴的分速度 u 保持不变，车辆只有沿着 y 轴的侧向运动与绕 z 轴的横摆运动这两个自由度。

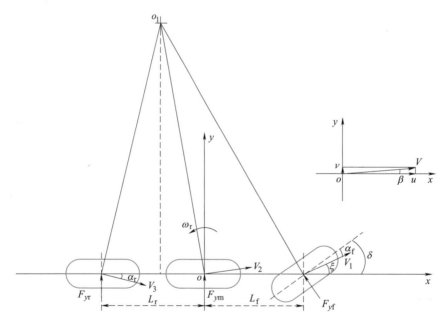

图 5-8　二自由度三轴车辆模型

车辆在转向时的侧向加速度与纵向加速度：

$$\begin{cases} a_x = \dfrac{\mathrm{d}u}{\mathrm{d}t} - v\dfrac{\mathrm{d}\theta}{\mathrm{d}t} = \dot{u} - v\omega_{\mathrm{r}} \\[3mm] a_y = \dfrac{\mathrm{d}v}{\mathrm{d}t} + u\dfrac{\mathrm{d}\theta}{\mathrm{d}t} = \dot{v} + u\omega_{\mathrm{r}} \end{cases} \tag{5-26}$$

由图 5-8 可知，二自由度三轴车辆在侧向所受的合力与绕质心的力矩为

$$\begin{cases} \sum F_y = F_{y\mathrm{f}}\cos\delta + F_{y\mathrm{m}} + F_{y\mathrm{r}} \\[3mm] \sum M_z = LF_{y\mathrm{f}}\cos\delta - F_{y\mathrm{r}}L \end{cases} \tag{5-27}$$

式中，$F_{y\mathrm{f}}$、$F_{y\mathrm{m}}$、$F_{y\mathrm{r}}$ 分别为前、中、后三轴所受的侧偏力；δ 为转向角度指令等效的前轮转角。

由于 δ 角较小，且 $F_{y\mathrm{f}}$、$F_{y\mathrm{m}}$、$F_{y\mathrm{r}}$ 为侧偏力，可将 $\cos\delta \approx 1$，因此式（5-27）可简化为

$$\begin{cases} \sum F_y = F_{y\mathrm{f}} + F_{y\mathrm{m}} + F_{y\mathrm{r}} \\[3mm] \sum M_z = F_{y\mathrm{f}}L - F_{y\mathrm{r}}L \end{cases} \tag{5-28}$$

车辆轮胎的侧偏角可由车辆的运动学关系求解，该模型前、中、后三轮的侧偏角：

$$\begin{cases} \alpha_{\mathrm{f}} = -(\delta - \xi) = \beta + \dfrac{L}{u}\omega_{\mathrm{r}} - \delta \\[3mm] \alpha_{\mathrm{m}} = \beta \\[3mm] \alpha_{\mathrm{r}} = \dfrac{v - L\omega_{\mathrm{r}}}{u} = \beta - \dfrac{L}{u}\omega_{\mathrm{r}} \end{cases} \tag{5-29}$$

因此，可以得出二自由度三轴车辆模型的运动微分方程：

$$\begin{cases} k_{\mathrm{f}}\left(\beta + \dfrac{L}{u}\omega_{\mathrm{r}} - \delta\right) + k_{\mathrm{m}}\beta + k_{\mathrm{r}}\left(\beta - \dfrac{L}{u}\omega_{\mathrm{r}}\right) = m(\dot{v} + u\omega_{\mathrm{r}}) \\[4mm] k_{\mathrm{f}}L\left(\beta + \dfrac{L}{u}\omega_{\mathrm{r}} - \delta\right) - k_{\mathrm{r}}L\left(\beta - \dfrac{L}{u}\omega_{\mathrm{r}}\right) = J_z\dot{\omega} \end{cases} \tag{5-30}$$

式中，k_{f}、k_{m}、k_{r} 分别为前、中、后轴的侧偏刚度；J_z 为整车绕 z 轴的转动惯量。

车辆在差动转向时，在转向角度指令输入下进入的稳态响应就是等速圆周行驶，此时的横摆角速度 ω_{r} 为定值，且 $\dot{v} = 0$、$\dot{\omega}_{\mathrm{r}} = 0$。代入式（5-30），可以得到：

$$\begin{cases} \left(k_f + k_m + k_r\right)\dfrac{v}{u} + \dfrac{L}{u}\left(k_f - k_r\right)\omega_r - k_f\delta = mu\omega_r \\[3mm] L\left(k_f - k_r\right)\dfrac{v}{u} + \dfrac{L^2}{u}\left(k_f + k_r\right)\omega_r - Lk_f\delta = 0 \end{cases} \tag{5-31}$$

消去 v，便可求得稳态横摆角速度增益：

$$\left.\frac{\omega_r}{\delta}\right)_s = \frac{\left(k_f k_m + 2k_f k_r\right)u}{L\left(k_f k_m + 4k_f k_r + k_m k_r\right) + mu^2\left(k_f - k_r\right)} \tag{5-32}$$

根据等效假设可知，若是需要车辆按照给定目标路径行驶，就需要让差动转向车辆保持与上述等效转向车辆相同的横摆角速度与转向半径，因此，我们可以得到在转向角度指令 δ 输入下的期望横摆角速度 ω_d：

$$\omega_d = \omega_r = \frac{\left(k_f k_m + 2k_f k_r\right)u}{L\left(k_f k_m + 4k_f k_r + k_m k_r\right) + mu^2\left(k_f - k_r\right)}\delta \tag{5-33}$$

横摆角速度的实际值一般由车载陀螺仪获取，该技术成熟可靠，车辆上普遍安装了性价比较高的陀螺仪传感器，而在模型仿真中，实际横摆角速度 ω 则由 TruckSim 车辆模型给出。

3. 实际质心侧偏角计算

车辆在行驶过程中遵循期望行驶轨迹时，车辆的质心侧偏角应越小越好，故将期望质心侧偏角 β_d 设为 0。而实际质心侧偏角直接测量的难度较大，只能采用昂贵的光学传感器进行测量计算获得，因此采取估算的方法获得。依据式（5-7）、式（5-9）、式（5-11）与式（5-13）的联合推导，我们可以估算出车辆的实际质心侧偏角 β：

$$\beta = \frac{4u\omega L\left(k_5 + k_6 - k_1 - k_2\right) + 2b\omega^2 L\left(k_2 - k_1 + k_5 - k_6\right) + mub^2\omega^3 - 4mu^3\omega}{2u\left[2u\left(k_1 + k_2 + k_3 + k_4 + k_5 + k_6\right) + b\omega\left(k_1 - k_2 + k_3 - k_4 + k_5 - k_6\right)\right]}$$

$$\tag{5-34}$$

4. 补偿横摆力矩制定

设计补偿横摆力矩模糊控制器，输入变量分别为期望横摆角速度 ω_d 与实际横摆角速度 ω 的差值 e_ω 和期望质心侧偏角 β_d 与实际质心侧偏角 β 的差值 e_β，经模糊推理后输出补偿横摆力矩 M_{zd}，即期望横摆力矩。

5. 转向半径计算

在转向过程中，由于差动转向车辆本身并不具备转向机构，也就不存在车轮转向角，因此转向需求曲线的转向半径 R 需要从遥控平台发出的转向角度指令 δ 转换而来。根据图 5-8 的二自由度三轴车辆模型，我们可以得到在前轮转向角 δ 的输入下，前轮转向三轴车辆的转向半径。考虑低速稳态下的转向行驶，根据阿克曼转向原理，我们知道理想转向半径可近似看成 $R \approx 2L/\tan\delta \approx 2L/\delta$。

同时，三轴差动转向车辆在转向角度指令 δ 的操纵下，其转向行驶轨迹是与在前轮转向角 δ 的输入下前轮转向三轴车辆的转向行驶轨迹相同的。那么，我们可以得到三轴差动转向车辆的等效转向半径 $R = 2L/\delta$。

5.3.3 六轮毂电机转矩分配算法设计

作为军用的六轮无人车辆，大部分使用环境为野区恶劣路面，很少会在正常道路上行驶。因此，针对该车辆的特殊需求，基于行驶稳定性控制，在制定出的补偿横摆力矩约束下，分别对直线行驶工况和差动转向工况进行驱动力分配。

1. 直线行驶工况

对于直线行驶工况，车辆不存在转向需求，因此期望横摆角速度与期望质心侧偏角均为 0，将根据实时的横摆角速度差 e_ω 和质心侧偏角差 e_β 制定出的补偿横摆力矩，实时调整各轮毂电机转矩控制车辆直行。首先，根据车辆前进加速的情况分析车辆的垂直载荷分布，并忽略质心偏移对中间轴载荷的影响，以此初步分配各轴的驱动力矩，并对同一轴左右两侧的驱动力按等比例分配。其次，监测车辆的实时横摆角速度并估算实时质心侧偏角，通过模糊控制器制定的补偿横摆力矩计算各个车轮所需的修正力矩，从而控制车辆直行不跑偏。

对于直线行驶工况，忽略侧向力与侧倾角对垂直载荷分布的影响。直线加速行驶下各轮的垂直载荷：

$$\begin{cases} F_{z1} = F_{z2} = \dfrac{1}{6}mg - \dfrac{1}{4}ma_x\dfrac{h}{L} = \dfrac{1}{6}mg - \dfrac{1}{4}\dfrac{T_d}{r}\dfrac{h}{L} \\[2mm] F_{z3} = F_{z4} = \dfrac{1}{6}mg \\[2mm] F_{z5} = F_{z6} = \dfrac{1}{6}mg + \dfrac{1}{4}ma_x\dfrac{h}{L} = \dfrac{1}{6}mg + \dfrac{1}{4}\dfrac{T_d}{r}\dfrac{h}{L} \end{cases} \quad (5\text{-}35)$$

式中，r 为轮胎滚动半径。

故各轮毂电机初始分配的转矩为

$$\begin{cases} T_{1\_1} = T_{2\_1} = \left(\dfrac{1}{6} - \dfrac{1}{4}\dfrac{hT_\mathrm{d}}{mgLr} \right)T_\mathrm{d} \\[3mm] \qquad\quad T_{3\_1} = T_{4\_1} = \dfrac{1}{6}T_\mathrm{d} \\[3mm] T_{5\_1} = T_{6\_1} = \left(\dfrac{1}{6} + \dfrac{1}{4}\dfrac{hT_\mathrm{d}}{mgLr} \right)T_\mathrm{d} \end{cases} \tag{5-36}$$

取修正力矩为 ΔT，则各轮的驱动力矩为

$$\begin{cases} T_{1\_2} = T_{1\_1} - \Delta T = \left(\dfrac{1}{6} - \dfrac{1}{4}\dfrac{hT_\mathrm{d}}{mgLr} \right)T_\mathrm{d} - \Delta T \\[3mm] T_{2\_2} = T_{2\_1} + \Delta T = \left(\dfrac{1}{6} - \dfrac{1}{4}\dfrac{hT_\mathrm{d}}{mgLr} \right)T_\mathrm{d} + \Delta T \\[3mm] \qquad\quad T_{3\_2} = T_{3\_1} - \Delta T = \dfrac{1}{6}T_\mathrm{d} - \Delta T \\[3mm] \qquad\quad T_{4\_2} = T_{4\_1} + \Delta T = \dfrac{1}{6}T_\mathrm{d} + \Delta T \\[3mm] T_{5\_2} = T_{5\_1} - \Delta T = \left(\dfrac{1}{6} + \dfrac{1}{4}\dfrac{hT_\mathrm{d}}{mgLr} \right)T_\mathrm{d} - \Delta T \\[3mm] T_{6\_2} = T_{6\_1} + \Delta T = \left(\dfrac{1}{6} + \dfrac{1}{4}\dfrac{hT_\mathrm{d}}{mgLr} \right)T_\mathrm{d} + \Delta T \end{cases} \tag{5-37}$$

为了保证车辆的横摆稳定性，各轮驱动力矩对质心的横摆力矩必须符合模糊控制器制定的补偿横摆力矩 M_{zd}，因此各轮驱动力矩应满足以下关系：

$$\frac{\left(T_2 - T_1 + T_4 - T_3 + T_6 - T_5 \right)\dfrac{b}{2}}{r} = M_{zd} \tag{5-38}$$

由此可求得修正力矩：

$$\Delta T = \frac{r}{3b}\Delta M_{zd} \tag{5-39}$$

同时，轮毂电机输出的驱动力矩还应当满足以下约束条件。

（1）电机转矩约束

各轮毂电机输出转矩不应该超过电机的最大输出转矩，即有电机转矩约束 K_1：

$$K_1 = \begin{cases} 1, & T_i \leqslant T_{\max} \\[3mm] \dfrac{T_{\max}}{T_i}, & T_i > T_{\max} \end{cases} \quad (i = 1,2,3,4,5,6) \tag{5-40}$$

式中，T_{max} 为轮毂电机最大输出转矩。

（2）路面附着力约束

各轮毂电机的输出转矩还与路面条件有关，为保证轮胎不滑转，电机的驱动转矩不应该超过地面最大附着力，即有地面附着力约束 K_2：

$$K_2 = \begin{cases} 1, T_i \leqslant \mu_i F_{zi} r \\ \dfrac{\mu_i F_{zi} r}{T_i}, T_i > \mu_i F_{zi} r \end{cases} (i = 1, 2, 3, 4, 5, 6) \qquad (5\text{-}41)$$

式中，μ_i 为对应轮胎在当前路面下的附着系数。

综合式（5-38）、式（5-39）和约束条件式（5-40）、式（5-41），可以求解得出直线行驶工况下各轮毂电机的驱动转矩：

$$\begin{cases} T_1 = K_1 K_2 T_{1\_2} = K_1 K_2 \left[\left(\dfrac{1}{6} - \dfrac{1}{4} \dfrac{hT_d}{mgLr} \right) T_d - \dfrac{r}{3b} M_{zd} \right] \\[4mm] T_2 = K_1 K_2 T_{2\_2} = K_1 K_2 \left[\left(\dfrac{1}{6} - \dfrac{1}{4} \dfrac{hT_d}{mgLr} \right) T_d + \dfrac{r}{3b} M_{zd} \right] \\[4mm] T_3 = K_1 K_2 T_{3\_2} = K_1 K_2 \left[\dfrac{1}{6} T_d - \dfrac{r}{3b} M_{zd} \right] \\[4mm] T_4 = K_1 K_2 T_{4\_2} = K_1 K_2 \left[\dfrac{1}{6} T_d + \dfrac{r}{3b} M_{zd} \right] \\[4mm] T_5 = K_1 K_2 T_{5\_2} = K_1 K_2 \left[\left(\dfrac{1}{6} + \dfrac{1}{4} \dfrac{hT_d}{mgLr} \right) T_d - \dfrac{r}{3b} M_{zd} \right] \\[4mm] T_6 = K_1 K_2 T_{6\_2} = K_1 K_2 \left[\left(\dfrac{1}{6} + \dfrac{1}{4} \dfrac{hT_d}{mgLr} \right) T_d + \dfrac{r}{3b} M_{zd} \right] \end{cases} \qquad (5\text{-}42)$$

2. 差动转向工况

对于差动转向工况，普通的驱动力矩分配是将转向内侧的驱动力矩分配为0，转向外侧的驱动力矩则根据每轴的垂直载荷比例来分配总驱动力矩。为了获得更理想的转向轨迹，并确保车辆转向时的横摆稳定性，将根据模糊控制器制定的补偿横摆力矩 ΔM_{zd} 对 6 个驱动轮添加补偿力矩。普通的驱动力矩分配如下：

$$\begin{cases} T_1 + T_2 + T_3 + T_4 + T_5 + T_6 = T_d \\ T_1 = T_3 = T_5 = 0 \\ T_2 : T_4 : T_6 = (F_{z1} + F_{z2}) : (F_{z3} + F_{z4}) : (F_{z5} + F_{z6}) \end{cases} \qquad (5\text{-}43)$$

当车辆在进行曲线行驶时，由于侧倾力矩的作用，导致车辆的垂直载荷向外侧转移，同时纵向加速度与侧向加速度也影响着垂直载荷的重新分配。曲线行驶时车辆的垂直载荷分布情况：

$$
\begin{cases}
F_{z1} = \dfrac{1}{6}mg - \dfrac{1}{3}ma_y\dfrac{h}{b} - \dfrac{1}{4}ma_x\dfrac{h}{L} - K_{\varPhi r1}\dfrac{\varPhi_r}{b} \\[2mm]
F_{z2} = \dfrac{1}{6}mg + \dfrac{1}{3}ma_y\dfrac{h}{b} - \dfrac{1}{4}ma_x\dfrac{h}{L} + K_{\varPhi r1}\dfrac{\varPhi_r}{b} \\[2mm]
F_{z3} = \dfrac{1}{6}mg - \dfrac{1}{3}ma_y\dfrac{h}{b} - K_{\varPhi r2}\dfrac{\varPhi_r}{b} \\[2mm]
F_{z4} = \dfrac{1}{6}mg + \dfrac{1}{3}ma_y\dfrac{h}{b} + K_{\varPhi r2}\dfrac{\varPhi_r}{b} \\[2mm]
F_{z5} = \dfrac{1}{6}mg - \dfrac{1}{3}ma_y\dfrac{h}{b} + \dfrac{1}{4}ma_x\dfrac{h}{L} - K_{\varPhi r3}\dfrac{\varPhi_r}{b} \\[2mm]
F_{z6} = \dfrac{1}{6}mg + \dfrac{1}{3}ma_y\dfrac{h}{b} + \dfrac{1}{4}ma_x\dfrac{h}{L} + K_{\varPhi r3}\dfrac{\varPhi_r}{b}
\end{cases}
\tag{5-44}
$$

对于补偿横摆力矩 ΔM_{zd}，给转向内侧的驱动轮添加补偿驱动力矩 $-\Delta T$，转向外侧的驱动轮添加补偿驱动力矩 ΔT，则有：

$$
\frac{3 \times \left[\Delta T - (-\Delta T)\right]\dfrac{b}{2}}{r} = \Delta M_{zd}
\tag{5-45}
$$

可以求得补偿驱动力矩的数值：

$$
\Delta T = \frac{r}{3b}\Delta M_{zd}
\tag{5-46}
$$

同时，轮毂电机输出的驱动力矩还应当满足电机转矩约束 K_1 与路面附着力约束 K_2，则各轮毂电机的驱动力矩为

$$
\begin{cases}
T_1 = T_3 = T_5 = K_1 K_2\left(-\dfrac{r}{3b}M_{zd}\right) \\[2mm]
T_2 = K_1 K_2\left[\left(\dfrac{1}{3} - \dfrac{1}{2}\dfrac{h}{gL}a_x\right)T_d + \dfrac{r}{3b}M_{zd}\right] \\[2mm]
T_4 = K_1 K_2\left[\dfrac{1}{3}T_d + \dfrac{r}{3b}M_{zd}\right] \\[2mm]
T_6 = K_1 K_2\left[\left(\dfrac{1}{3} + \dfrac{1}{2}\dfrac{h}{gL}a_x\right)T_d + \dfrac{r}{3b}M_{zd}\right]
\end{cases}
\tag{5-47}
$$

3. 原地转向工况

原地转向作为差动转向车辆特有的转向方式，因其极小的转向半径赋予了差动转向车辆极大的机动性。原地转向工况下，车轮的驱动力矩分配为左右两侧等大反向，即总驱动力矩保持为零。为保证原地转向的效果，车轮驱动力矩取 $0.95T_{max}$，T_{max} 为轮毂电机的最大输出转矩。

同时，轮毂电机的驱动力矩不应该超过地面最大附着力，据此，可得出两侧车轮的最终驱动力矩：

$$\begin{cases} T_1 = T_3 = T_5 = -0.95K_2T_{max} \\ T_2 = T_4 = T_6 = 0.95K_2T_{max} \end{cases} \tag{5-48}$$

Chapter 6

第 6 章

分布式驱动控制仿真
验证及实车试验

分布式驱动控制作为采用轮毂电机等多个独立驱动源驱动车辆的整车关键动力控制，分布式驱动控制器在整车稳定性控制和车辆安全性方面承担着重要功能。分布式驱动控制器功能更加多元、复杂性更高，导致开发难度越来越大，对开发成本和时间的要求越来越高。传统的控制器开发多采用串行开发流程，流程设计较为简单，存在效率低、人员协作不便、耗费成本高等问题，已经不能很好地满足分布式驱动控制器开发的需要。

为了克服分布式驱动控制器开发过程中面临的以上问题，采用基于 V 模式的开发设计流程，如图 6-1 所示，V 模式主要包括 5 个环节，分别是控制策略设计与离线仿真、快速控制原型（Rapid Control Prototype，RCP）、控制器软硬件设计、硬件在环测试（Hardware In the Loop，HIL）、实车试验。分布式驱动控制器 V 字开发流程第一阶段的主要工作是控制策略设计及软件在环测试即离线联合仿真验证。V 字开发流程最后阶段的实车试验结果可以进一步验证优化联合仿真模型。经过实车试验校核的分布式驱动控制联合仿真模型，可以对设计的分布式驱动控制策略进行更多极限工况的仿真分析。

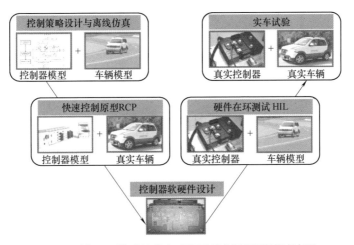

图 6-1　基于 V 模式的分布式驱动控制器开发测试流程

 6.1 CarSim-MATLAB/Simulink 联合仿真平台搭建

本章针对轮毂电机分布式四驱乘用车，使用 MATLAB/Simulink 编写设计的分布式四驱控制策略程序，在车辆动力学仿真软件 CarSim 中搭建轮毂电机分布式四驱车辆模型，通过两款软件建立起 CarSim-MATLAB/Simulink 联合仿真平台（图6-2），对控制算法进行软件在环测试（Software In the Loop，SIL），可以初步验证控制算法的有效性。

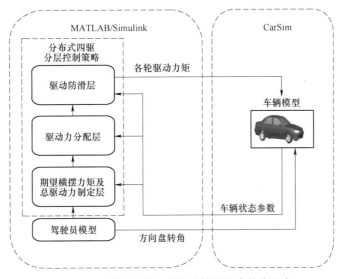

图 6-2　轮毂电机分布式驱动控制联合仿真平台

6.1.1　CarSim 四驱车辆模型搭建

　　CarSim 是专门针对车辆动力学的商用化仿真软件，CarSim 模型在计算机上运行的速度比实时快 3 ～ 6 倍，可以仿真车辆对驾驶员、路面等输入的响应，用来预测和仿真汽车整车的动力性、制动性、操纵稳定性、平顺性和经济性，被广泛地应用于现代汽车控制系统的开发。CarSim 可以方便灵活地定义试验环境和试验过程，并详细地定义整车各系统的特性参数和特性文件。CarSim 软件主界面如图 6-3 所示，在不同的设置界面下可以进行整车模型搭建、仿真工况定义以及联合仿真输入输出参数设置等操作。

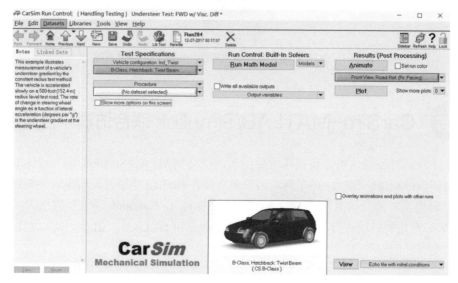

图 6-3　CarSim 软件主界面

　　根据分布式四驱车辆实车参数（表 6-1），在 CarSim 中搭建相应的车辆模型。图 6-4 所示为车身参数设置的界面。为避免车辆模型原有结构的约束对仿真结果产生干扰，删去原模型的发动机与传动系统。将 CarSim 中车辆模型的输入量设置为 4 个驱动轮的驱动力矩和方向盘转角等，输出量设置为车速、横摆角速度和质心侧偏角等，用于反馈到分布式四驱控制算法中。

表 6-1　分布式四驱车辆实车参数表

参数	数值
外形尺寸 /mm×mm×mm	3775×1665×1690
整备质量 /kg	1240
轴距 /mm	2450
前轮距 /mm	1470

（续）

参数	数值
后轮距 /mm	1470
质心距前轴距离 /mm	1050
质心离地高度 /mm	540
轮胎规格	185/60 R15

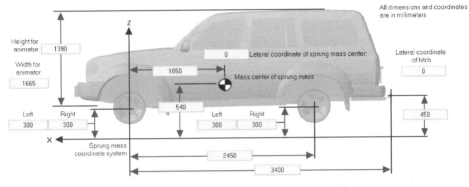

图 6-4 分布式四驱车辆车身参数相关设置

6.1.2 MATLAB/Simulink 分布式四驱控制模型搭建

MATLAB 是由美国 MathWorks 公司出品的商业数学软件，用于算法开发、数据可视化、数据分析以及数值计算，而 Simulink 是 MATLAB 中的一种可视化仿真工具，用于实现动态系统建模、仿真和分析。在 Simulink 中不需要手动编写大量的代码程序，只需要通过简单直观的操作，将图形化的功能模块进行组合连线，便可构造出复杂的系统，方便易用效率高，在工业界得到了广泛的应用。

在 MATLAB/Simulink 中搭建分布式四驱控制程序主要包括驾驶员模块、车辆参考模块、期望横摆力矩制定模块、驱动力分配模块以及驱动防滑模块。

1. 驾驶员模块

驾驶员模块（图 6-5）用于模拟驾驶员对车辆的输入，由于仿真主要以驱动工况为主，故该模块主要的输出量为加速踏板开度 k_{pd} 以及方向盘转角 δ_{sw}，其中加速踏板开度 k_{pd} 乘以一定的系数后，可以直接作为车辆的总驱动力 T_d 输出。由于电机采用转矩控制模式，若想对车速也就是电机转速进行控制，则需采用车速闭环控制，此时加速踏板开度由 PID 控制器制定，PID 控制器的输入为目标车速与当前车速的差值，该功能为可选项，即某些仿真工况需要进行速度控制时才启用该功能。

2. 车辆参考模块

车辆参考模块（图 6-6）用于计算车辆当前工况下的期望横摆角速度 ω_d 以

及期望质心侧偏角 β_d 以及期望总驱动力矩 T_d，模型的输入为方向盘转角 δ_{sw}、车速 v 以及加速踏板开度 K_{pd}。

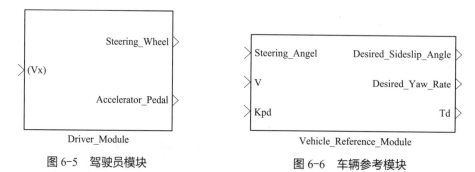

图 6-5　驾驶员模块　　　　　　　　　图 6-6　车辆参考模块

3. 期望横摆力矩制定模块

期望横摆力矩制定模块（图 6-7）用于制定当前工况下车辆的期望横摆力矩 M_{zd}，输入量为横摆角速度、质心侧偏角的期望值和实际值，内部可调用在 MATLAB 中建立的模糊文件等计算期望横摆力矩。

4. 驱动力分配模块

驱动力分配模块（图 6-8）在期望横摆力矩和总驱动力的等式约束以及其他不等式约束下，对四轮驱动转矩进行分配，输入量包括期望横摆力矩 M_{zd}、总驱动力矩 T_d、各轮垂直载荷、车速、前轮平均转向角等，该模块内部可调用 MATLAB 内置工具箱的二次规划算法、遗传算法等用于计算稳定性的目标函数、经济性目标函数等。

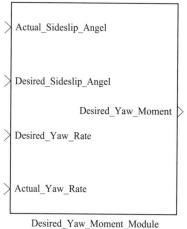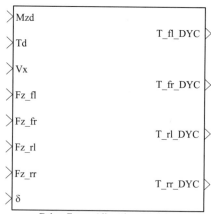

图 6-7　期望横摆力矩制定模块　　　　　图 6-8　驱动力分配模块

5. 驱动防滑模块

驱动防滑模块（图 6-9）用于计算由于车轮打滑而引起的各轮输出力矩调整值，其中包含了滑转率计算、单轮驱动防滑以及转矩协调三大功能，该模块的输入为 4 个车轮的转速 n_i 以及车速 v。

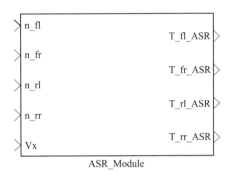

图 6-9　驱动防滑模块

结合搭建的 CarSim 分布式四驱车辆模型，整个分布式四驱控制联合仿真程序的框架如图 6-10 所示。

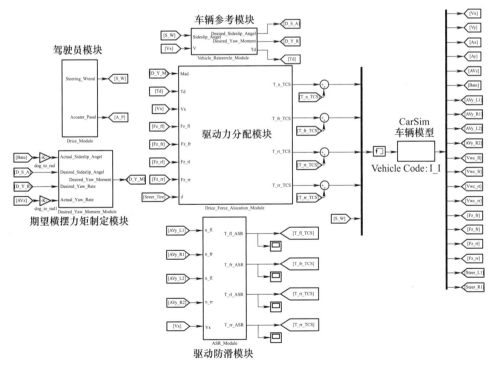

图 6-10　分布式四驱控制联合仿真程序框架

6.2 **分布式驱动控制联合仿真分析与测试**

　　利用所搭建的 CarSim-MATLAB/Simulink 联合仿真平台，可以设计不同道路环境（高附着路面、低附着路面、崎岖越野路面等）、不同驾驶行为（直行、转弯、蛇行等）的复杂工况，对分布式驱动控制策略的驱动力分配、稳定性控制、参数估算等多种功能进行仿真验证。仿真工况可以参考 GB/T 6323—2014《汽车操纵稳定性试验方法》、GB/T 18385—2005《电动汽车　动力性能　试验方法》等相关国家标准进行设定。

6.2.1　分布式四驱控制仿真验证

　　为了验证第 3.1 节基于稳定性目标设计的分布式四驱控制策略的有效性，设计了路面附着系数 0.8、初速度 80km/h、方向盘转角幅值为 50°的高速双移线工况，联合仿真结果如图 6-11 所示（见彩插）。

　　图 6-11h 所说的平均分配指简单的轴间线性平均分配，即前后轴轮胎为车辆各提供一半的总驱动力矩和期望横摆力矩，平均分配时各轮驱动力矩的具体计算公式如下：

$$T_{\mathrm{fl}} = \frac{T_{\mathrm{d}}}{4} - \frac{R_{\mathrm{roll}} M_{\mathrm{zd}} - a T_{\mathrm{d}} \sin\delta}{2W \cos\delta} \tag{6-1}$$

$$T_{\mathrm{fr}} = \frac{T_{\mathrm{d}}}{4} + \frac{R_{\mathrm{roll}} M_{\mathrm{zd}} - a T_{\mathrm{d}} \sin\delta}{2W \cos\delta} \tag{6-2}$$

$$T_{\mathrm{rl}} = \frac{T_{\mathrm{d}}}{4} - \frac{R_{\mathrm{roll}} M_{\mathrm{zd}}}{2W} \tag{6-3}$$

$$T_{\mathrm{rr}} = \frac{T_{\mathrm{d}}}{4} + \frac{R_{\mathrm{roll}} M_{\mathrm{zd}}}{2W} \tag{6-4}$$

式中，T_{d} 为总驱动力矩；M_{zd} 为期望横摆力矩；R_{roll} 为轮胎滚动半径；a 为车辆质心到前轴的距离；δ 为前轮平均转向角；W 为轮距。

　　图 6-11i 稳定裕度 M_{ar} 的计算如下：

$$M_{\mathrm{ar}} = 1 - \sum_{i=1}^{4} \frac{k_i F_{xi}^2}{\left(\mu_i F_{zi}\right)^2} \tag{6-5}$$

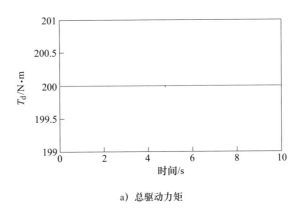

a）总驱动力矩

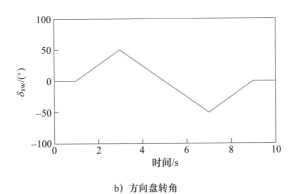

b）方向盘转角

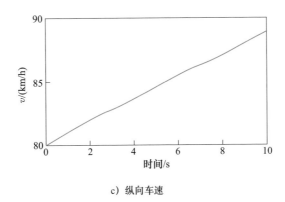

c）纵向车速

图 6-11　基于稳定性的分布式驱动控制仿真结果（见彩插）

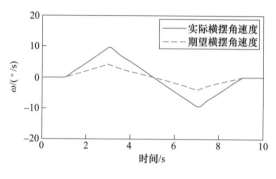

d）横摆角速度

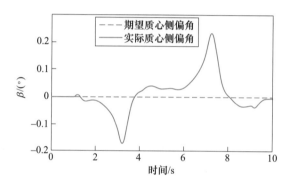

e）质心侧偏角

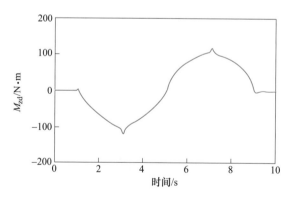

f）期望横摆力矩

图 6-11   基于稳定性的分布式驱动控制仿真结果（续）（见彩插）

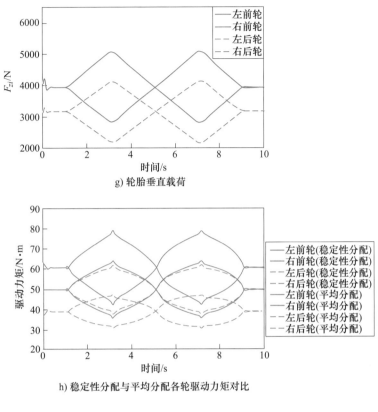

g) 轮胎垂直载荷

h) 稳定性分配与平均分配各轮驱动力矩对比

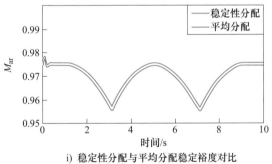

i) 稳定性分配与平均分配稳定裕度对比

图 6-11　基于稳定性的分布式驱动控制仿真结果（续）（见彩插）

由图 6-11a 可知，总驱动力矩始终保持在 200N·m 的恒定值。由图 6-11b 可知，方向盘转角最大幅值为 50°。图 6-11c 显示车辆初速度为 80km/h，仿真末速度约为 89km/h。图 6-11d、e 显示了横摆角速度以及质心侧偏角的期望值和理想值的变化，可以看出随着方向盘转角幅值的变大，实际横摆角速度幅值逐渐大于期望横摆角速度幅值，最大幅值偏差达到了 5°/s，而质心侧偏角的变化范围很小。因此，以横摆角速度为主要参考值，设计的模糊控制逻辑判断出此时车辆处于过度转向状态，故制定的横摆力矩方向与横摆角速度方向相反用于抑制车辆过度转向，如图 6-11f 所示。图 6-11g 所示为轮胎垂直载荷，由于车辆质心靠前，故在直线行驶时，前轴两轮的垂直载荷大于后轴，而当车辆转弯时，由于惯性作用质心发生转移，并且转移到车辆的外侧，使得外侧车轮的垂直载荷变大。结合图 6-11g 和图 6-11h，可以看出由于基于稳定性目标的分配方式与车轮载荷有很大关联性，载荷大的轴分配到的驱动力矩也更大。图 6-11i 显示出基于稳定性目标分配方式的稳定裕度更大，由于所选工况路面附着系数 0.8 较大，且总驱动力不大，使得两者的差距也不大。

6.2.2　分布式四驱车辆参数估算仿真验证

利用建立的 CarSim-MATLAB/Simulink 联合仿真平台，还可以验证第 2.3 节分布式驱动车辆状态及参数估算算法的有效性。

1. 整车质量和坡度联合估算仿真验证

对整车质量进行联合估算，设计两种工况：第一种工况为固定坡度工况，起始车速为 36km/h，坡度为 4°；第二种工况为正弦变化坡度路面，起始车速为 36km/h，其坡度变化如图 6-12 所示。

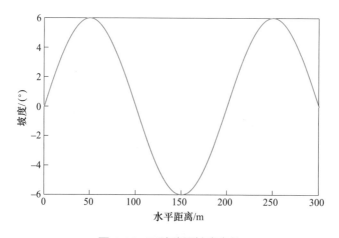

图 6-12　正弦路面坡度变化

第一种工况为固定坡度路面，仿真结果如图 6-13 和图 6-14 所示。从图 6-13 可以看出，此工况下质量估算结果在一开始有较大误差，在 2s 内逐渐逼近参考值，且在稳定后将误差控制在 1% 以内。从图 6-14 可以看出，坡度估算结果在一开始有较大波动，1s 后波动减小，在 2s 内逐渐逼近参考值，在稳定后几乎没有误差，将误差控制在 1% 以内。

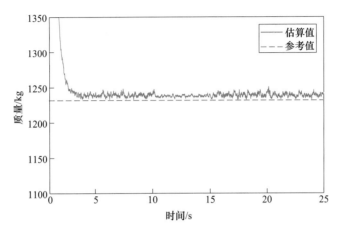

图 6-13　固定坡度工况质量估算结果

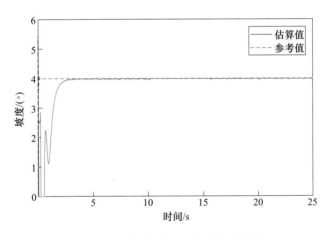

图 6-14　固定坡度工况坡度估算结果

第二种工况为正弦变化坡度路面，仿真结果如图 6-15 和图 6-16 所示。从图 6-15 可以看出，此工况下质量估算结果在一开始有较大误差，但很快就达到了稳定，误差在 3% 左右；估算结果快速收敛稳定，但误差比固定坡度工况下要大。从图 6-16 可以看出，坡度估算结果与参考值相比有一定的滞后，但滞后不明显，误差小于 5%。

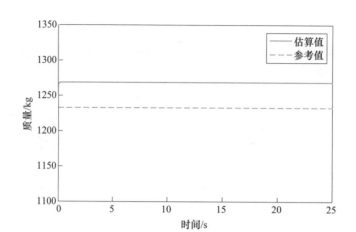

图 6-15　正弦变化坡度工况质量估算结果

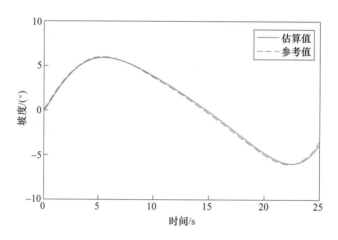

图 6-16　正弦变化坡度工况坡度估算结果

2. 分布式四驱车辆车速及质心侧偏角估算仿真验证

为了模拟真实传感器信号，给输入的测量信号纵向加速度、横向加速度、横摆角速度加入噪声。

直角转弯工况为车辆日常行驶的典型工况，车辆会有一定初速度驶入，给予车辆变化的加速踏板输入，5s 后开始转弯，10s 后逐渐回正方向盘；车辆所处的路面附着系数为 0.85，是一种高附着路面；设置初始车速为 18km/h。

图 6-17～图 6-19 分别表示输入的测量信号纵向加速度、横向加速度和横摆角速度，橙线表示从 CarSim 中读取的没有添加噪声的输入参考值，绿线表示含噪声的测量值，蓝线表示经估算器处理后的估算值。由图可知，该估算方法

可以有效减小传感器输入的噪声，使得估算的输入纵向加速度、横向加速度、横摆角速度变得更加准确。图 6-20 中两条线贴合得很紧，估算得到的纵向车速可以非常有效地跟踪真实纵向车速。图 6-21 显示纵向车速误差很小，控制在 ±0.05km/h 范围之内。图 6-22 中估算得到的横向车速可以非常有效地跟踪真实横向车速，虽然参考值和估算值有一些差别，但图 6-23 显示横向车速误差仍较小，控制在 ±0.1km/h 范围之内。

图 6-24 中估算值的曲线较为贴合，估算值可以有效跟踪真实质心侧偏角。图 6-25 显示质心侧偏角误差很小，控制在 ±0.2°范围之内，当转弯工况剧烈时，误差最大。

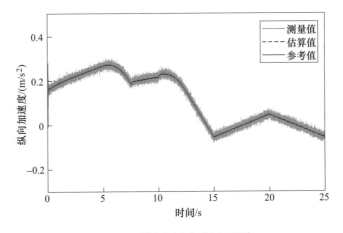

图 6-17　纵向加速度（见彩插）

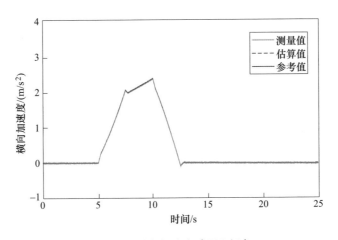

图 6-18　横向加速度（见彩插）

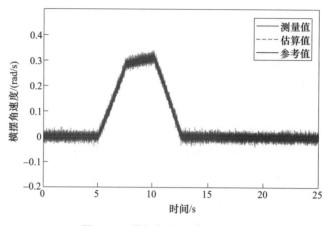

图 6-19　横摆角速度（见彩插）

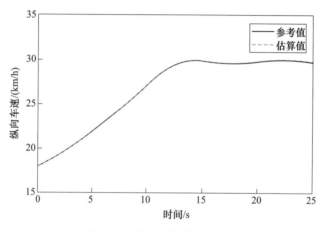

图 6-20　纵向车速（见彩插）

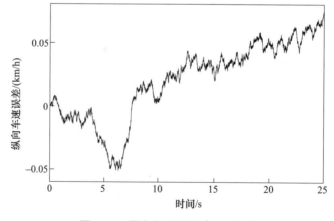

图 6-21　纵向车速误差（见彩插）

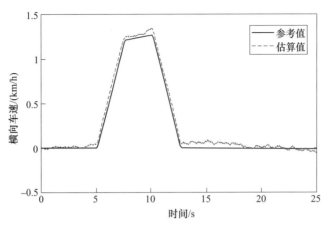

图 6-22　横向车速（见彩插）

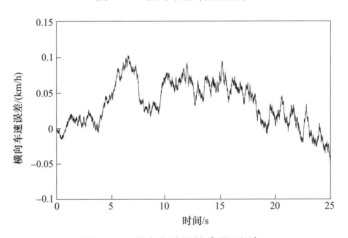

图 6-23　横向车速误差（见彩插）

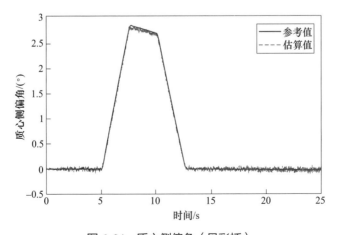

图 6-24　质心侧偏角（见彩插）

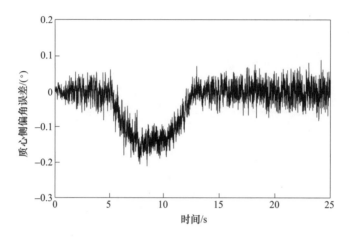

图 6-25　质心侧偏角误差（见彩插）

 实车试验与仿真对比分析

由于实车试验存在诸多限制，后续控制策略的改进验证还须依赖于多种复杂工况与极限工况的仿真验证，所以需要验证建立的分布式驱动控制联合仿真模型的准确性。试验与仿真对比采用的方法为将试验中的外部输入数据作为仿真的输入，主要包括加速踏板开度、方向盘转角以及进入测试工况时车辆的初速度。

6.3.1　分布式四驱乘用车实车试验与仿真对比

对轮边电机四驱乘用车"新火 3 号"（图 6-26）的实车试验结果和仿真结果进行对比分析。如图 6-27 所示，进行了初始车速约 18km/h 的低速大角度右转向实车试验。试验与仿真对比的物理量包括 4 个车轮的驱动转矩、横摆角速度以及质心侧偏角，如图 6-28 所示。

a)"新火3号"整车外观

b) 前轴轮边电机布置

c) 后轴轮边电机布置

图6-26　轮边电机四驱乘用车"新火3号"

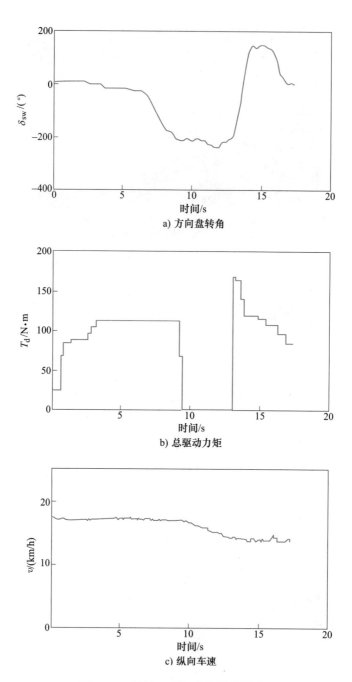

a) 方向盘转角

b) 总驱动力矩

c) 纵向车速

图 6-27 "新火 3 号"实车试验结果

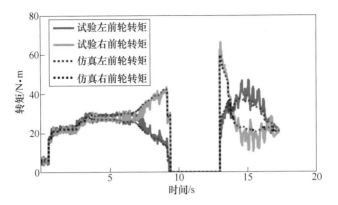

a）试验与仿真前轮转矩对比

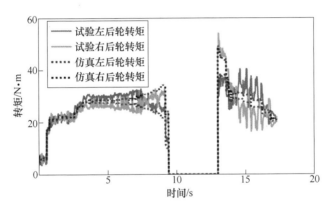

b）试验与仿真后轮转矩对比

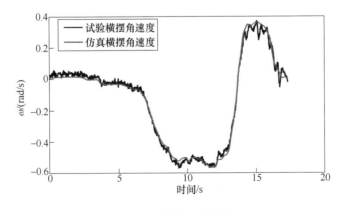

c）试验与仿真横摆角速度对比

图6-28　"新火3号"试验与仿真对比结果（见彩插）

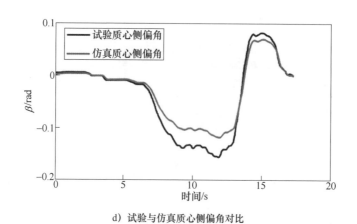

d) 试验与仿真质心侧偏角对比

图 6-28 "新火 3 号"试验与仿真对比结果（续）（见彩插）

由图 6-27a 方向盘转角变化可知（方向盘转角以左转为正，右转为负），所测工况大约持续 18s，前 3s 近似于直线工况；3 ~ 13s 车辆处于右转状态，3 ~ 7s 内方向盘转角值较小，7s 后车辆进入明显的右转工况，方向盘转角最大值超过了 220°；13 ~ 18s 车辆处于左转状态，方向盘转角最大值约为 150°。图 6-27b 显示了试验过程中由加速踏板决定的总驱动力矩变化，为了控制转弯时的速度，9 ~ 13s 内未踩加速踏板，总驱动力矩需求为 0。图 6-27c 为车速变化情况，由于场地限制和出于安全考虑，车速较低但比较平稳。

图 6-28a、b 分别显示了前轴和后轴的驱动转矩试验与仿真对比，由图可知，在直线和方向盘转角较小时，左右轮的驱动转矩差别较小，而随着方向盘转角的增大，驱动转矩差别也随之增大。右转时右侧车轮的驱动转矩大于左侧车轮的驱动转矩；左转时左侧车轮的驱动转矩大于右侧车轮的驱动转矩。这样就可以产生抑制车辆过度转向的横摆力矩，从而抵消车辆的一部分过度转向趋势，有利于车辆的转向稳定性。由图 6-28 可知，实车试验和仿真的 4 个车轮转矩、横摆角速度、质心侧偏角基本接近，变化趋势也一致。图 6-28d 中质心侧偏角的试验值和仿真值差值稍大，这是因为实车试验考虑实时性采用了较简单的质心侧偏角估算方法，在转向角较大时会出现一些误差。总体而言，实车试验数据和仿真数据吻合度较高，验证了所搭建的分布式轮边四驱电动汽车模型的准确性，今后可以用于多种复杂工况下的分布式四驱控制策略验证。

6.3.2　分布式后驱公交车实车试验与仿真对比

对天海轮毂电机后驱公交车（图 6-29）的实车试验结果和仿真结果进行

对比分析。在平坦路面进行高速小角度左转向试验，试验与仿真对比结果如图 6-30 所示。左转向过程中，车速较高约为 50km/h，外侧右后轮驱动转矩分配值大于内侧左后轮驱动转矩，实现了分布式驱动差动，改善了车辆转向不足。

a) 整车外观

b) 大功率轮毂电机

图 6-29　天海轮毂电机后驱公交车

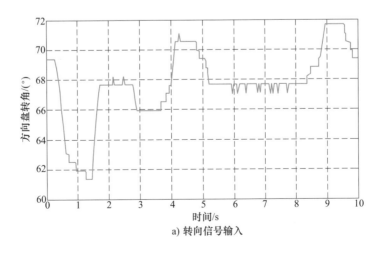

a) 转向信号输入

图 6-30　天海轮毂电机后驱公交车试验与仿真对比结果

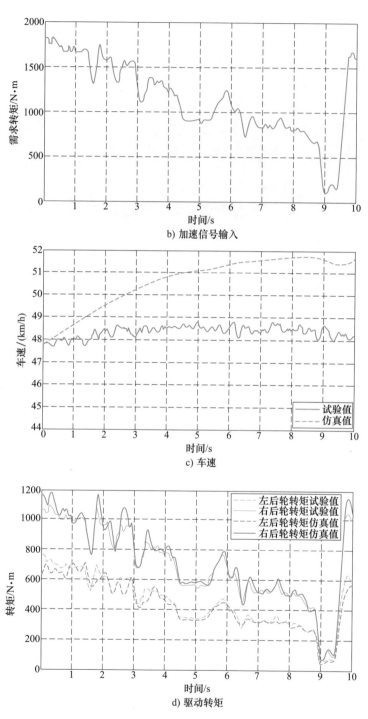

b) 加速信号输入

c) 车速

d) 驱动转矩

图 6-30　天海轮毂电机后驱公交车试验与仿真对比结果（续）

第 7 章
分布式驱动控制硬件在环测试

硬件在环（Hardware In the Loop，HIL）测试是控制器开发的重要环节，硬件在环系统为待测控制器提供虚拟的运行环境，理论上可达到实车测试同等的结果。实时仿真模型模拟除了控制器以外的真实环境，还包括整车动力学模型、道路环境模型以及其他子系统模型，硬件在环系统运行实时仿真模型，并且将交互信号通过调理转换后，为待测控制器提供真实的传感器信号和控制信号，以此实现信号闭环，对控制器开展功能测试和策略验证。

分布式驱动控制策略的有效性，一般通过数值仿真或实车试验来验证，其中数值仿真的方法成本低、耗时短，但是由于模型考虑的实际因素有限，仿真的真实性较低，不能精确反映出实际的控制效果，仿真有效性有待进一步确认。控制器直接安装实车进行试验，优点是试验真实性高，测试结果可靠，但是整车动力性和稳定性的测试往往为大转向角、高车速、高加速度等极限工况，实车试验成本极高，对测试环境要求高，安全问题难以保障，测试工况有限，复用性差。硬件在环测试综合了以上两者的优点，主要优势在于：

1）提升开发效率，降低测试成本。

2）可实现多种工况全方位的测试，扩展性好，可复用性强。

3）安全性高，便于开展极限工况的测试，降低试验风险。

4）可快速实现全自动测试和重复测试，并且能应用于不同测试对象和不同测试环境的项目中。

根据工信部最新规定，具备硬件在环测试能力已成为各大主机厂获取生产资质的必要条件之一。搭建一套高性价比、性能优越、实时性好、高兼容性和高可复用性的硬件在环测试系统，将极大降低项目研发成本，同时提升研发效率和开发产品的质量。

7.1　HIL 测试系统方案设计

7.1.1　系统方案的系统性及功能性要求

在明确设计目标的前提下，对系统需求和功能要求进行深入分析，最终确定系统架构方案，并对系统底层原理和技术路线分别进行阐述。

1. 设计目标

搭建一套低成本、性能优越、兼容性好、易操作的通用化硬件在环测试系统，并实现对自主开发的分布式驱动控制器的策略验证。

2. 系统分析

在明确系统设计目标的基础上，设计方案需要满足具体的功能和要求，为此分别对系统性要求和功能性要求进行分析。

（1）系统性要求

系统性要求主要是指系统通用化层面的考虑，在分布式电动汽车研究和相关控制器硬件的开发中，期望搭建一套适配不同测试对象、不同实时仿真模型、不同测试条件、不同测试要求的硬件在环测试系统，实现该硬件在环测试系统的价值最大化利用。方案设计时的系统性要求包括：

1）系统成本：包括软硬件系统成本、项目测试成本（开发测试）和运营维护成本等。

2）实时性要求：电动汽车的控制器实际运行的控制精度为毫秒级，要求系统在保证准确度和精确度的基础上，满足车辆系统的实时性需求。

3）可复用性要求：搭建的硬件在环测试系统，主要面向分布式电动汽车相关控制策略的功能验证，因此并非为驱动控制器的单一测试系统。当待测硬件、被控对象、实时模型单元、整车动力学模型等改变时，系统应能够具有良好的可复用性，在改动很少的条件下实现不同条件的通用化测试。

4）扩展性：考虑到通用化测试可能的新增测试需求或者测试条件，要求系统适配不同的软、硬件资源需求，可实现对软、硬件系统资源的动态自定义调整。

5）操作便捷性：指测试人员使用硬件在环测试系统的难度，包括但不限于系统集成、系统调试、自动化测试、软件系统、资源配置等的使用，要求系统培训成本低，具有良好的操作便捷性。

6）安全性要求：主要是试验安全、实验室用电规范、测试用电安全、系统电路设计优化等问题。

（2）功能性要求

功能性要求应能够实现对待测分布式驱动控制器的功能验证，具体要求如下：

1）供电要求：系统对 PC、目标机、控制器以及其他系统模块进行供电。

2）信号要求：系统能够提供控制器可以识别的输入信号，并能实时处理和响应信号，支持完成控制器的功能验证。

3）CAN 通信要求：系统能够模拟 CAN 通信网络，实现报文中核心数据的发送和接收。

4）工况仿真要求：系统应该满足包括极限工况等不同工况下的仿真测试。

5）实时仿真模型运行要求：系统兼容 NI Veristand、NI Teststand、MATLAB/Simulink、TruckSim 等软件进行仿真测试，能够运行"人－车－路"系统实时仿真模型。

6）自动化测试要求：系统应具备自动化测试、自动生成测试报告等功能。

7.1.2 系统方案架构

目前市场主流方案主要为 dSPACE 硬件在环测试系统和 Labview RT 硬件在环测试系统，两个测试方案都采用"目标机－上位机"的双机架构，与 MATLAB/Simulink、CarSim/TruckSim 等开放式软件系统兼容性好，都具有很好的实时性能和实用性。本书选择基于 NI PXI 平台的 Labview RT 硬件在环测试系统方案，对量产的电动客车分布式后驱控制器的 HIL 测试进行详细讲解。

基于 NI PXI 系统的设计方案为"目标机－上位机"的双机架构，可分为硬件系统和软件系统两个子系统。

硬件系统包括待测分布式驱动控制器、NI PXI 平台、驾驶员操纵机构、执行电机、PC 上位机共 5 部分。如图 7-1 所示，PC 上位机通过以太网与 PXI 实时系统进行信号交互，待测硬件（分布式驱动控制器）通过 IO 接口与 PXI 实时系统进行信号实时传输，操纵机构的传感器信号和执行电机的控制信号通过CAN 总线与 PXI 实时系统进行交互。

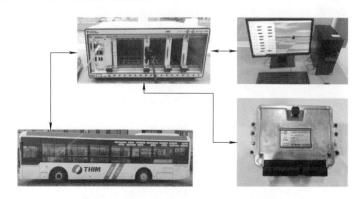

图 7-1　HIL 测试硬件系统连接示意图

软件系统可分为上位机管理模块、实时仿真模型模块和控制器算法模块，如图 7-2 所示。上位机管理模块包括 NI Veristand、NI Teststand、NI MAX 等软件。实时仿真模型模块包括基于 MATLAB/Simulink 设计的驾驶员输入模型，基于 TruckSim 开发的整车动力学模型和道路环境模型。控制器算法模块基于 MATLAB/Simulink 进行开发，主要包括分布式驱动控制策略、上下电管理及档位管理等模块。

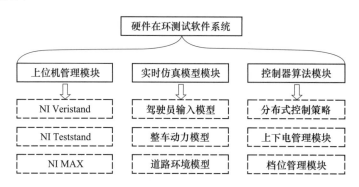

图 7-2　硬件在环测试系统软件架构

HIL 系统运行原理如图 7-3 所示，HIL 仿真测试系统以 NI PXI 平台为基础，通过实时处理器和 IO 接口连接上位机仿真模型、待测控制器、操纵装置和执行电机实现闭环。实时仿真模型的输出信号和操纵装置的传感器输入信号，通过IO 接口和信号调理模块传递到分布式驱动控制器，驱动控制器内部的分布式驱动控制策略根据接收信号计算得出转矩控制信号，控制信号通过 CAN 通信对执行电机进行控制，采集电机输出转矩信号通过 IO 接口传递给实时仿真模型，形成闭环回路，对分布式驱动控制器进行功能验证。

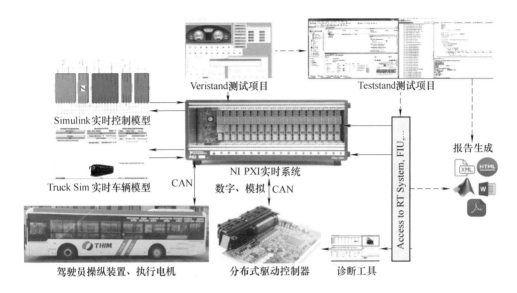

图 7-3 HIL 系统运行原理

HIL 测试系统基于 Veristand 软件实现上位机管理，Veristand 对测试项目进行管理和配置，包括联合 MATLAB/Simulink、TruckSim 等进行联合 HIL 测试。基于 Teststand 实现 HIL 系统的自动化测试和自动生成测试报告。基于 NI MAX 对 NI 远程系统进行管理。在 HIL 测试时，可以通过诊断工具对系统信号通信进行查看。

基于 NI PXI 平台搭建硬件在环测试系统，分布式驱动控制器测试流程如图 7-4 所示：

1）自主设计分布式驱动控制策略，进行待测控制器的开发。

2）硬件系统集成，将待测控制器、外挂的操纵机构和执行电机、上位机与 NI PXI 实时系统集成。

3）软件系统实现，完成实时仿真模型的集成，以及对测试项目的管理配置和交互界面设计。

4）基于设计的通信协议、信号列表、电气原理图等文档，完成软硬件系统的整个集成。

5）整个系统集成完毕，对系统进行开环测试和调试，检验是否满足系统的设计要求，最后对待测控制器开展功能测试和工况测试。

6）对测试结果展开数据记录和分析，进一步优化控制策略。

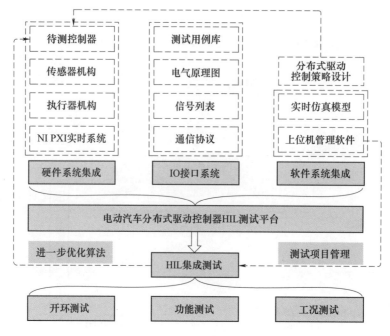

图 7-4　HIL 测试系统搭建及测试流程

 ## 7.2　HIL 测试硬件系统实现

7.2.1　分布式驱动控制器设计

轮毂电机后驱电动客车的分布式驱动控制器基于 SPC5634 微处理器进行开发，控制器电气原理如图 7-5 所示，驱动控制器搭载自主设计的分布式驱动控制策略，主要起到分配驱动转矩和控制车辆稳定的功能。控制器算法基于 MATLAB/Simulink 开发，算法开发完成后将依次通过 C 代码转换、编译模型转换等步骤转换为应用层程序，借助 INCA 将应用层程序和控制器底层程序烧录到驱动控制器中，完成分布式驱动控制器的开发。

分布式后驱电动客车的基本行驶特性和控制要求设计为：最高车速 70km/h；最大爬坡度 20%；要求分布式驱动控制策略的两轮驱动力矩值等于总需求力矩，误差在 ±5% 之内；直线行驶时，车辆不应出现跑偏现象，在车辆行驶 100m 时，车辆的轨迹与直线的目标轨迹偏移量 <0.5m；弯道行驶时，车辆不应出现甩尾现象及过多的不足转向现象等。

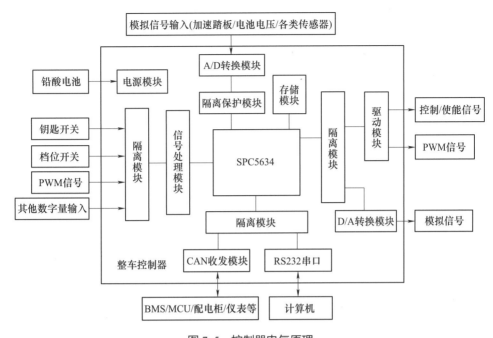

图 7-5 控制器电气原理

驱动控制器采集驾驶输入信号和车辆状态参数，输出控制转矩，控制器的输入、输出信号见表 7-1。

表 7-1 分布式驱动控制器信号列表

RX/TX	信号名称	说明
RX	VISP_SteerWheelAngle_deg	方向盘转角
	VISP_KeyState_enum	钥匙开关
	VISP_AccePedal_enum	加速踏板开度
	VISP_BrkPedal_enum	制动踏板开度
	VISP_VehicleSpd_mps	车速
	VISP_VehicleYawRateSpdAct_radps	实际横摆角速度
	VISP_EBSRegTrqDemand_Nm	电子制动系统（EBS）需求转矩
	VISP_VehBrakePedalSta_flg	制动踏板状态
	VISP_ABSCtrEna_flg	防抱死制动系统（ABS）使能状态
	VISP_ASRCtrEna_flg	牵引力控制系统（ASR）使能状态
	VISP_VehGearLevelPos_enum	档位
	VISP_VehWorkMode_enum	车辆工作模式
	VISP_VehHandBrake_flg	驻车制动

（续）

RX/TX	信号名称	说明
	VEDC_RWheelMotorTrqReq_Nm	右后轮电机需求转矩
	VEDC_RWheelMotorSpdReq_rpm	右后轮电机需求转速
	VEDC_RWheelMotorSpdDirectionReq_enum	右后轮电机旋转方向
	VEDC_RWheelMotorWorkModeReq_enum	右后轮电机工作模式
TX	VEDC_RWheelMotorCtrModeReq_enum	右后轮电机控制模式
	VEDC_LWheelMotorTrqReq_Nm	左后轮电机需求转矩
	VEDC_LWheelMotorSpdReq_rpm	左后轮电机需求转速
	VEDC_LWheelMotorSpdDirectionReq_enum	左后轮电机旋转方向
	VEDC_LWheelMotorWorkModeReq_enum	左后轮电机工作模式
	VEDC_LWheelMotorCtrModeReq_enum	左后轮电机控制模式

7.2.2　实时系统选型

NI PXI 实时系统包括机柜、实时处理器、数据采集（DAQ）板卡、CAN 通信板卡及其他配件。实时处理器对整个系统的模型信号和控制器输入输出信号进行实时计算和传输，是 HIL 系统的核心关键，因此对 PXI 实时处理器的响应速度和可靠性有较高的性能要求。可以选择 PXIe-8880 RT 八核嵌入式控制器，PXIe-8880 配置了以太网端口、硬盘驱动器、USB 端口以及其他输入输出端口，有较高的集成度。

IO 板卡包括数字输入输出（DIO）板卡、模拟输出（AO）板卡、CAN 板卡。DAQ 板卡采集和发送各种数字、模拟信号，CAN 板卡直接接收和发送 CAN 报文信号。数字量输入输出可以选择 NI PXIe-6537 板卡，双向数字通道数为 32 通道，信号类型为单端。PXIe-6537 可以通过 PXI Express 总线连续地传输数据，是变化检测、通信仿真及自定义数字接口等数字应用的理想解决方案。

模拟量输出可以选择 NI PXI-6738 AO 板卡，NI PXI-6738 是一款高密度模拟输出模块，具有 32 路信号通道。PXI-6738 支持静态和软件定时电压输出应用，还具有 NI-DAQmx 驱动程序和配置应用程序，可简化配置和测量，NI-DAQmx 支持 NI 编程环境以及 Python、ANSI C、C#.NET 等软件。

CAN 总线通信可选用 NI PXI-8512/2 模块，NI PXI-8512/2 支持 NI PXIe-1085 机箱与待测控制器的 CAN 总线网络通信，提供 TJA1041 高速 CAN 收发器进行高速双端口的数据传输。NI XNET 平台为 CAN 端口配备了专用板载处理器,支持对本地 DBC 等数据库文件的编辑和导入,NI XNET 还提供了直接存储器访问(DMA)驱动技术,以提升通信效率,降低端口负载,系统实时性达到微秒级,适用于硬件在环等高实时性系统。

7.2.3 驾驶员操纵装置及执行器轮毂电机

HIL 测试系统从真实车辆的传感器获取驾驶员的操作输入,为将驾驶员操纵装置的传感器信号接入硬件在环测试系统,方向盘转角传感器的转角信号通过 CAN 通信发送到 PXI 实时系统,方向盘转角传感器参数见表 7-2。

表 7-2 方向盘转角传感器参数

参数	数值
工作电压(直流)/V	9 ～ 16
最大转向角度测量范围 / (°)	−1575 ～ +1575
最大角速度测量范围 / (°/s)	0 ～ +1016
转角测量分辨率 / (°)	0.1
角速度测量分辨率 / (°/s)	4
数据更新周期 /ms	10

加速 / 制动踏板开度信号采集:车辆的 CAN 总线网络中包含了踏板开度的信息,硬件在环测试系统将建立和车辆 CAN 网络的通信,从车辆整车控制器(VCU)获取踏板开度信号输入。当 CAN 网络上传输逻辑为 1(隐性无信号)时,两路电压均为 2.5V;当传输逻辑为 0(显性有信号)时,高速 CAN 和低速 CAN 的电压分别为 3.5V、1.5V,接收到报文的节点将根据自定义的通信协议识别并处理特定 CAN 帧信号。

轮毂电机后驱车辆 CAN 通信信号流示意图如图 7-6 所示,原车的动力控制单元承担着网关的功能,CAN 网络还包括 VCU 信号、电机驱动控制器(MCU)信号、传感器信号等。动力控制单元设计:选择 NI cRIO 9066 控制器为载体,选择双通道的 NI-9853 高速 CAN 卡以实现动力控制单元的通信,同时配置了现场可编程门阵列(FPGA)模块以及其他 C 系列板卡实现对数据的转换、发送和接收。将 NI PXI 实时系统的 CAN 端口连接到轮毂电机后驱车辆的动力控制单元,完成硬件在环测试系统与车辆 CAN 网络通信的建立。

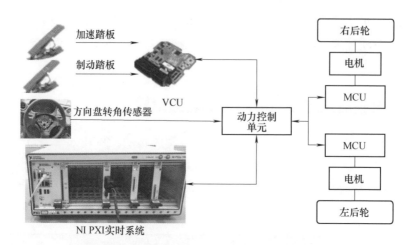

图 7-6　轮毂电机后驱车辆 CAN 通信信号流示意图

NI PXI 实时系统接收到报文信号后，再在 Simulink 中根据轮毂电机后驱车辆 CAN 通信协议的具体规定编写解析模块，将方向盘转角、踏板开度、电机转矩等数据解析出来。

分布式驱动控制器接收到驾驶员输入信号和整车状态信号后，根据内部的分布式驱动控制策略输出轮毂电机的转矩控制信号，通过车辆的 CAN 通信网络发送到轮毂电机的控制器，控制电机输出对应的实际转矩，采集轮毂电机实际输出转矩输入 TruckSim 实时仿真的车辆动力学模型，驱动分布式后驱电动客车行驶。

HIL 测试软件系统设计

分布式驱动控制器 HIL 测试的软件系统主要由驱动控制器算法、实时仿真模型、上位机管理软件 3 部分组成。

7.3.1　分布式驱动控制器算法开发

1. 分布式驱动控制策略设计

分布式驱动控制器承担着动力匹配和行驶稳定性控制核心功能，可基于直接横摆力矩的控制方法设计分布式驱动控制策略。分布式驱动控制策略的开发流程如图 7-7 所示，采用分层策略分别完成总驱动力和控制目标制定、基于模糊控制的横摆力矩制定、驱动 / 制动力分配，具体控制策略可以参考本书第 3 章、第 4 章。

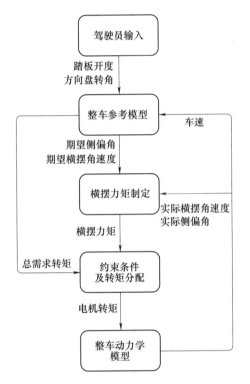

图 7-7　分布式驱动控制策略的开发流程

基于 MATLAB/Simulink 进行分布式驱动控制策略建模，可以建立如下控制模块：

1）驾驶员模块：用于模拟驾驶员对车辆的输入，该模块主要的输入量为踏板开度以及方向盘转角，输出为整车需求转矩和前轮转向角。

2）整车需求转矩计算模块：建立踏板开度和整车需求转矩的线性关系。

3）转向角计算模块：输入信号为方向盘转角，通过查表输出前轮转向角。

4）基于模糊控制的横摆力矩计算模块：输入信号为理想横摆角速度、实际横摆角速度、理想质心侧偏角、实际质心侧偏角，模糊化后根据模糊规则推导出制定的期望横摆力矩。

5）转矩分配模块：输入信号为整车需求转矩和期望横摆力矩，输出信号为左右轮毂电机转矩。

2．上电和档位切换策略设计

为了对控制器的上电逻辑和档位管理功能进行模拟，基于 MATLAB/Stateflow 工具进行策略设计。Stateflow 工具箱提供了一种图形化仿真环境，通过状态机和流程图实现对复杂系统的控制逻辑进行建模仿真，Stateflow 在汽车行业应用广泛，车辆控制单元的设计，因其逻辑的复杂性往往使用状态机来搭建。

上下电、档位切换的逻辑流程如图 7-8 所示。上下电过程中共有 4 个逻辑状态，分别为 OFF、ACC、ON、START，上下电过程还需要一些自检过程。本书只搭建了简易的不包含自检逻辑的模块，考虑到复杂性，仅对 N、R、D 位的管理位进行了示意性建模。

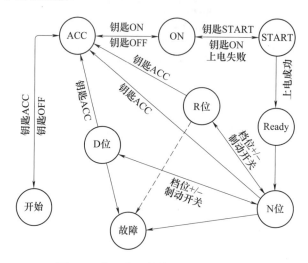

图 7-8　上下电、档位切换的逻辑流程

分布式驱动控制器算法设计完成后，利用 RTW 将控制器算法编译生成 C 代码，通过模型编译转换为应用层程序，借助 INCA 将应用层程序和控制器底层程序集成并烧录到驱动控制器中，完成分布式驱动控制器的开发。

7.3.2　实时仿真模型开发

轮毂电机分布式后驱电动客车整车参数见表 7-3。在 TruckSimRT 软件中完成对应的参数设置，建立整车模型实时求解车辆行驶的状态参数。为避免车辆模型原有动力结构对仿真结果产生干扰，删除原有模型的发动机和传动系统。TruckSim 整车动力学模型的输入信号为左右后轮电机转矩及方向盘转角信号，输出车速、质心侧偏角、横摆角速度等车辆状态参数。

表 7-3 电动客车整车参数

参数	数值
整备质量 /kg	14950
整车转动惯量 /kg·m²	72358
质心距前轴距离 /mm	3105
质心距后轴距离 /mm	1385
质心离地高度 /mm	1200
轮胎滚动半径 /mm	480

设计的驾驶员操纵信号，根据不同测试情况有两种输入方案：①通过实际车辆的操纵机构，手动输入真实的方向盘转角信号；②通过上位机 Veristand 或者自动化测试软件 Teststand 输入驾驶员信号。在后一种方案中，需要开发驾驶员输入模型，通过上位机实现信号输入，驾驶员输入模型通过 MATLAB/Simulink 进行搭建。

驾驶员输入模型在 Simulink 中搭建完成后需要对编译环境进行设置，编译生成 NI Veristand 支持的可执行文件。具体的操作可分为以下几步：

1）替换模型接口。NI Veristand 不能识别 Simulink 的接口，为实现模型在 NI PXI 实时系统中运行，模型的输入 / 输出需要使用专用接口。

2）模型编译设置。在仿真参数设置中将 System Target file 指定为 NIVeristand.tlc。

3）设置仿真步长。NI Veristand 采用定步长求解器，可以将步长设置为固定值 0.001。

4）模型编译。完成上述工作后，对模型进行编译并生成模型对应的 *.dll 可执行文件，编译成功后可在工作窗口查看到文件保存路径。

7.3.3 上位机管理软件集成

1. Veristand 配置

NI Veristand 是美国 NI 公司面向 HIL 仿真测试系统开发的一款上位机管理软件。NI Veristand 主要承担测试项目配置管理和上位机可视化界面开发的功能，支持基于 MATLAB/Simulink 开发的控制算法和模型的导入，支持与 NI Teststand、TruckSim 等进行联合测试。

NI Veristand 具体实现功能包括双机通信建立、实时仿真模型导入、软硬件系统资源配置、测试管理界面开发、信号接口映射、数据可视化及采集记录等，实现流程如下：

1）建立双机通信。首先在 NI Veristand 中建立测试项目的 Project 文件，打开系统定义文件，在系统定义界面单击 Controller 进入配置处理器的操作界面，选择处理器类型，在操作界面上对实时系统、Windows 系统和 Linux 系统进行选择，操作系统选择 PXI RT Target 模式对应的 PharLap。双机通过 TCP/IP 协议通信，因此上位机 IP 和目标机 IP 需要在同一子网中，通过 NI MAX 的远程系统，查看 PXI RT Target 的 IP 地址。设置处理器的目标速率与整车仿真模型的仿真步长保持一致，为兼顾实时性和仿真的精确度，硬件在环测试系统采用 1kHz 的目标频率。

2）导入驾驶员输入模型。在系统浏览器的 Simulation Models 中单击添加模型，指定模型对应的可执行文件的保存目录，完成驾驶员输入模型的加载，添加标定参数。在后续测试中可通过上位机软件实现对标定参数的手动 / 自动控制。

3）集成整车动力学模型和道路环境模型。TruckSim 提供了支持 NI PXI 硬件在环测试的 NI-RT 联合仿真模块，为保证 TruckSim 和 NI Veristand 能够进行数据通信，TruckSim 提供了为 NI-RT 系统编译车辆数学模型的 VS Solvers，以及支持 RT VS Solvers 的数据集。为此首先需要导入 TruckSim_NI_RT.cpar 文件，运行 TruckSim 实时仿真模型还必须在目标机上提前安装 LabWindows/CVI 实时引擎，将 TruckSim 自带的 cvi_lvrt.dll 以二进制格式 FTP 上传部署到目标机上。在 TruckSim 的 dataset screen 界面，设置目标机 IP 和上位机 IP，以及 Veristand 的测试项目 Project 文件保存路径，完成 TruckSim 和 Veristand 的联合仿真设置。在 NI Veristand 中打开指定的测试项目 Project 文件，TruckSim 提供了适用于 NI PXI 系统的 TruckSim_LVRT*.dll 文件，在导入目录中指定 TruckSim_LVRT.dll 文件存储路径，通过以上步骤将 TruckSim 的整车动力学模型和环境模型成功导入 Veristand。

4）添加 DAQ 板卡。DAQ 板卡包括 DIO 板卡和 AO 板卡，在 NI MAX 远程管理系统中确认 DAQ 板卡是否连接成功，并确认各型号板卡对应的名称，在 Veristand 系统定义界面下，利用发现向导添加 DAQ 板卡，根据硬件在环测试的信号列表添加 DAQ 板卡的管脚。在 Create DAQ Device 中设置所需的 IO 资源，其中板卡名称需要同 NI MAX 中一致，添加成功后，在 DAQ 节点下会显示新添加的设备。

5）添加 CAN 通信板卡。首先利用发现向导添加 CAN 通信板卡，添加后对 CAN 口进行设置，设置 XNET CAN port name（与 NI MAX 中板卡名称一致）和 XNET CAN port address，比特率设置为 250kbit/s，与待测控制器保持一致。添加 CAN 通信传输的报文信号。设置 CAN 信号之前需要导入分布式驱动控制器开发时的 CAN 通信协议数据库文件（DBC 文件），利用 XNET Databases 模块将 DBC 文件加载到 NI Veristand 中，然后对 PXI-8512/2CAN 板卡的两个端口进行信号配置，设置 CAN port 关联的 database 为 EDC_CAN 数据库，在 CAN 的 Incoming 和 Outgoing 中根据系统测试需要添加 CAN 通信的 Event Trigger 或 Cyclic 报文。

6）软硬件接口映射。通过以上步骤实现了对硬件资源的添加和配置，并且集成了实时仿真模型，接下来对软、硬件系统的信号接口进行映射，按照信号连接图在 NI Veristand 的 Configuration Mappings 中进行管脚的映射，将实时仿真模型 Inports/Outports 下的输入输出信号和 CAN 端口、DIO 端口、AO 端口对应的输入 / 输出信号通道匹配起来。

7）测试界面设计。上位机测试界面实现的功能主要包括操纵信号控制、车辆状态参数显示、数据存储等。利用 Veristand2018SP1 为该测试系统设计的上位机测试界面如图 7-9 所示。整个操作界面分为驾驶模块、整车运行状态监测和数据记录 3 个模块。驾驶模块能模拟包括钥匙开关、档位切换等操作；整车运行状态监测的参数显示模块可直接读取和监控车速、轮速、横摆角速度、左右轮转矩等车辆信息；在数据记录模块中添加需要采集的信号参数，配置数据采集频率、数据存储格式、触发 / 终止采集条件等。

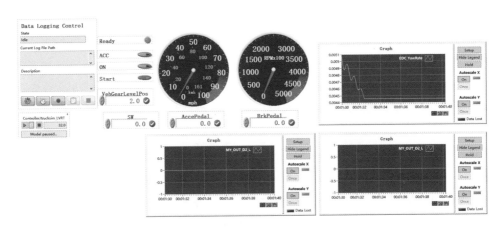

图 7-9　上位机测试界面

2. NI Teststand 自动化测试设计

NI Teststand 是专注于快速开发测试序列并能完成自动化测试的试验管理软件，NI Teststand 通过访问 NI Veristand 的接口，可对硬件在环测试系统中的信号参数进行控制、编辑、采集、分析，通过开放的 API 接口为用户提供测试管理平台，兼容性好，可自主开发测试序列实现对测试过程的控制和部署，通过编写脚本能控制测试自动化执行和自动输出测试报告，支持自定义修改测试报告内容和显示格式，提供 ATML、TXT、PDF 等多种格式的测试报告，同时兼具数据记录等重要功能，NI Teststand 的核心模块是 Teststand 引擎，操作界面和序列编辑器可直接调用 Teststand 引擎进行测试程序开发，Teststand 引擎与底层多模块适配器接口相连接，兼容主流的多种编程语言，这一技术架构极大降低了测试人员的开发难度，提升了 Test Sequence 测试序列的开发效率。

采用 NI Teststand 2019 版本软件，用于执行硬件在环测试系统的自动化测试，支持与 NI Veristand 2018SP1 的联合测试。每个 Test Sequence 测试程序由初始化设置、执行动作和清除关闭三部分组成。编写的测试序列如下：在初始化中主要执行打开 NI Veristand 测试项目的动作；Main 模块依次执行上电信号控制、档位控制、具体测试工况的初始条件设置、驾驶员操纵信号控制等，实现对上位机测试界面的智能控制；测试完成后，执行关闭 NI Veristand 测试项目和断电等操作。借助局部变量、数组、数据库等对车辆状态参数进行实时记录，通过编写脚本对数据进行绘图处理，并将结果添加到测试报告中，最后对测试报告格式进行个性化设置，生成可以直接使用的本地 PDF 报告。

HIL 测试试验与分析

测试对象为分布式驱动控制器，控制对象为轮毂电机后驱电动客车。首先，对实时仿真模型、IO 接口的信号输入 / 输出以及操纵机构等子系统进行开环测试；其次，开展上电及档位管理功能验证；最后选择不同测试工况对分布式驱动控制策略进行 HIL 试验验证，测试安排见表 7-4。为方便不同测试人员使用硬件在环测试系统，以及提升系统的测试规范，制定系统测试步骤等使用说明文档，如图 7-10 所示。

表 7-4　测试项目与测试内容

测试分类	测试内容	预期目标
系统开环测试	测试各子系统通信是否正常	各子系统均能正常通信，系统信号交互正常
上电逻辑测试	OFF、ACC、ON、Start 上 / 下电逻辑验证	正确的上电逻辑进入 Ready，错误的上电逻辑无法进入 Ready
档位切换测试	N、R、D 位切换	Ready 状态且制动才能换档成功
工况仿真测试	直线加减速、左右大转向角、单移线、直角弯、定常圆、对开路面	验证分布式控制策略在各工况下的稳定性和差速效果

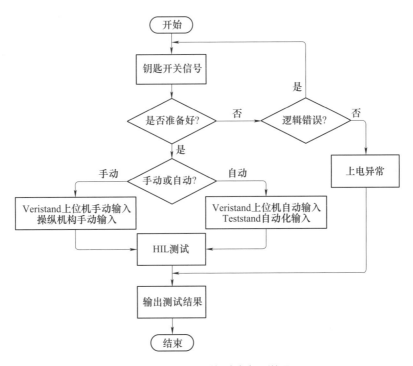

图 7-10　HIL 系统测试步骤说明

7.4.1　系统开环测试及功能测试

1. 实时仿真模型 MIL 测试

首先进行模型在环（Model In Loop，MIL）测试，将驾驶员输入模型、控制器算法、整车模型和道路环境模型集成到 NI PXI 实时系统中，对各部分模型的输入输出信号进行交互映射，MIL 没有使用 IO 接口，也没有连接真实控制器、传感器以及执行器，通过上位机测试界面模拟输入驾驶员操作信号，初步验证控制器算法逻辑是否有效，以及软件系统集成是否符合要求。

2. IO 接口开环测试

IO 接口开环测试主要指对 DIO 板卡、AO 板卡、CAN 板卡的各个接口通道进行通信测试。对于模拟输出板卡，首先通过 Simulink 搭建简单的输入模块，编译后将可执行文件下载到 PXI 实时系统运行，在成功添加 AO 板卡并配置好通道信号后，将 Simulink 的信号源接口与 AO 板卡通道进行映射，在上位机交互界面中手动控制信号源的值，利用测试设备采集输出信号进行分析，以此验证模拟量输出通道是否满足响应要求和精确度要求。

CAN 通信板卡开环测试，直接采用待测控制器开发时设计的 CAN 通信协议数据库文件，并基于 DBC 文件完成 CAN 端口的配置和添加报文信号。PXI-8512/2 具有两个 CAN 口，首先，单独进行每个 CAN 口的输出测试，同样在上位机测试界面给出信号源，借助 USB-CAN 对系统发出的报文进行解析，通过与数据源进行对比来验证 CAN 口是否能正常发送报文信号。其次，交互进行 CAN 口的输入测试，通过其中一个 CAN 口给另外一个 CAN 口发送信号，在 Veristand 中完成信号接口映射，运行测试样例，可直接在上位机测试界面查看接收到的报文信号，依次完成两个 CAN 口的输入校验。对 IO 接口的开环测试数据进行分析，IO 接口能够正常通信，信号精度高，响应实时性好，具体测试结果在后续集成测试中可证明。

3. 驾驶员操纵信号测试

设计的驾驶员操纵信号采集测试界面如图 7-11 所示，包括方向盘转角信号和加速踏板信号。在完成 MIL 测试和 IO 接口测试后，选择具体工况进行测试，分别对方向盘转角信号和加速踏板信号进行采集验证。方向盘转角传感器的开环测试数据如图 7-12 所示。加速踏板开度传感器的开环测试数据如图 7-13 所示。

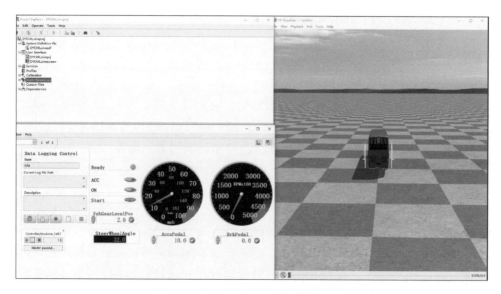

图 7-11　驾驶员操纵信号采集测试界面

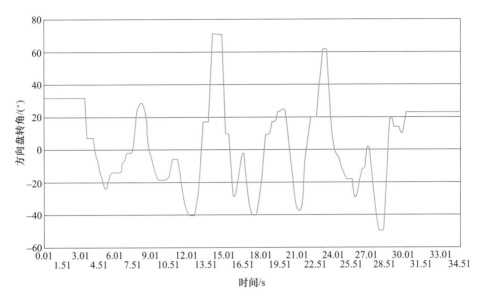

图 7-12 方向盘转角传感器的开环测试数据

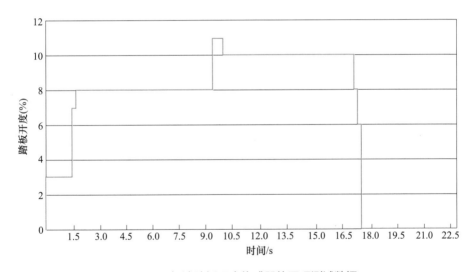

图 7-13 加速踏板开度传感器的开环测试数据

4. 控制器功能测试

上电逻辑测试。根据待测控制器的上电逻辑，正确的顺序为 ACC>ON>Start，控制器在依次接收到这些信息后即可进入 Ready 状态，即可正常行车。如图 7-14 所示，上电策略中 OFF、ACC、ON 和 Start 对应的值分别为 0、1、2、3，整车状态变化符合预期，成功进入 Ready 状态。

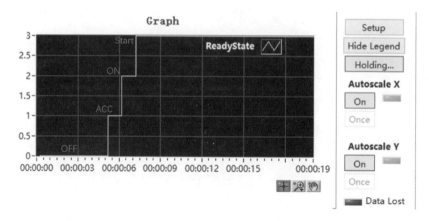

图 7-14　上电逻辑测试

换档逻辑测试。默认档位是 N 位，R、N、D 位对应的状态值分别为 0、1、2。档位切换测试如图 7-15 所示，实现了 N 位和 D 位以及 N 位和 R 位的交互切换，同时对制动踏板开度进行校验，只有制动踏板开度不为 0 时，才可以成功换档。

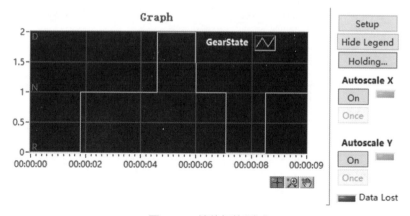

图 7-15　档位切换测试

7.4.2　复杂工况测试

分布式驱动控制器的工况测试均是在基于 NI Teststand 开发的自动化测试序列控制下完成的，并且实现了本地 PDF 测试报告的自动生成以及状态参数的本地存储。

1. 直线加减速正常行驶工况

直线加减速工况，如图 7-16 ～图 7-19 所示：原地起步直线加、减速，路面附着系数为 0.85。0.14—24s，电机需求转矩为 300N·m，左、右轮转矩期望值为 2071N·m，左、右轮转矩实际值为 2133N·m 左右，车辆做匀加速运动，速度由 0 增加到 45.5km/h，车身稳定行驶。24—41.86s，电机需求转矩为 −320N·m，左、右轮转矩期望值为 −2224N·m，左、右轮转矩实际值分别为 −2252N·m、−2280N·m 左右，车辆做匀减速运动，速度由 45.5km/h 减小到 2.9km/h。从车辆行驶轨迹及车速可见，车身稳定直线行驶，可实现直线加减速。

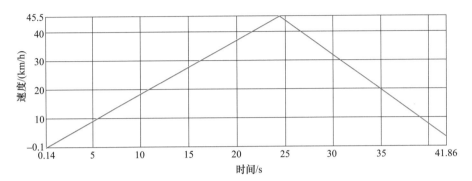

图 7-16　直线加减速测试：车速

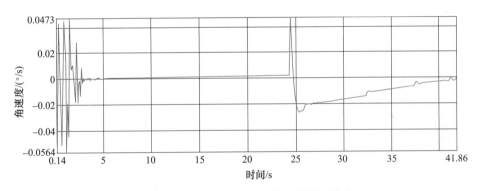

图 7-17　直线加减速测试：实际横摆角速度

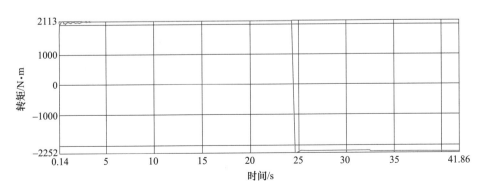

图 7-18　直线加减速测试：左后轮期望 / 实际转矩

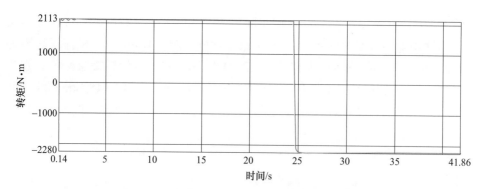

图 7-19　直线加减速测试：右后轮期望／实际转矩

2. 左右大转向角工况

左右大转向角测试工况，如图 7-20 ～图 7-24 所示：初速度 15km/h，电机需求转矩为 72N·m，开阔广场路面，附着系数为 0.85，方向盘大角度输入，变化范围 ±400°，最大横摆角速度 19.7°/s，质心侧偏角最大达到 3.3° 左右，车身稳定无侧翻。

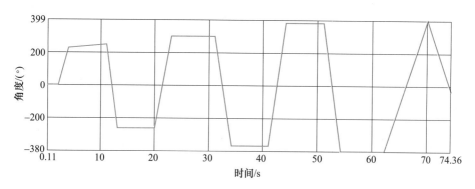

图 7-20　大转向角测试：转向角

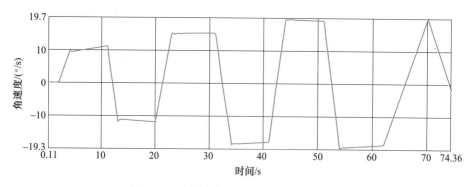

图 7-21　大转向角测试：实际横摆角速度

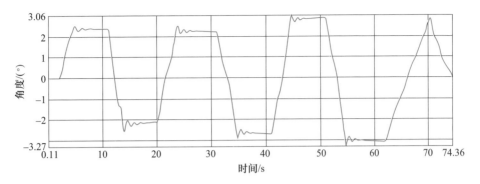

图 7-22　大转向角测试：期望 / 实际侧偏角

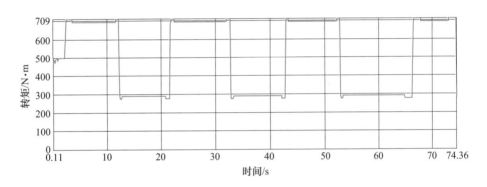

图 7-23　大转向角测试：左后轮期望 / 实际转矩

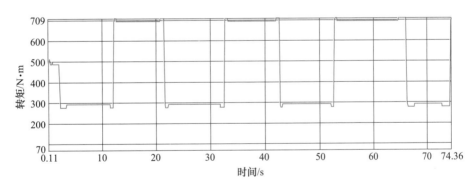

图 7-24　大转向角测试：右后轮期望 / 实际转矩

3. 单移线工况

单移线测试工况，如图 7-25 ～ 图 7-28 所示：原地起步，路面附着系数 0.85，直行加速阶段，电机需求转矩为 190N·m，左、右轮转矩期望值均为 1307N·m，左、右轮转矩实际值为 1348N·m 左右，车辆由静止匀加速到 29km/h。

制动转弯阶段，电机需求转矩为 –15N·m，横摆角速度最大达到 23.7°/s。第二次直行阶段，电机需求转矩为 60N·m，左轮转矩的实际值和期望值均为 445N·m，右轮转矩的实际值和期望值均为 375N·m，车身稳定无侧翻。

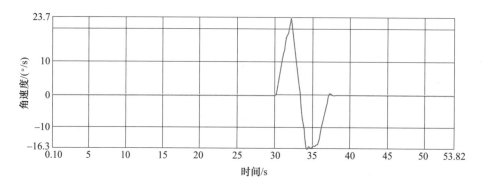

图 7-25　单移线测试：实际横摆角速度

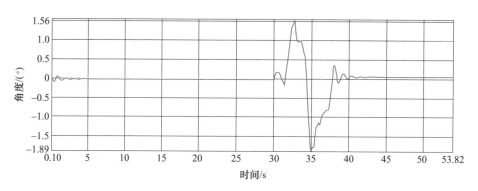

图 7-26　单移线测试：期望 / 实际侧偏角

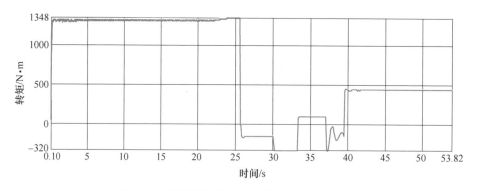

图 7-27　单移线测试：左后轮期望 / 实际转矩

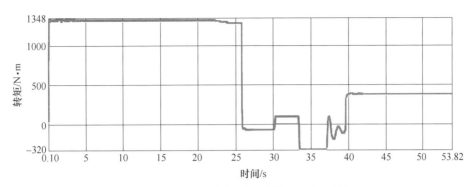

图 7-28　单移线测试：右后轮期望／实际转矩

4．定常圆工况

定常圆测试工况，如图 7-29～图 7-33 所示：初速度 18km/h，方向盘转角保持为 650°，电机需求转矩为 145N·m，开阔广场路面，路面附着系数 0.85，左轮转矩的实际值和期望值均为 1209N·m，右轮转矩的实际值和期望值均为792N·m，最终车速稳定在 18km/h 左右，横摆角速度稳定为 28°/s 左右，运动轨迹为标准圆周，圆周半径为 10.6m，车身稳定无侧翻。

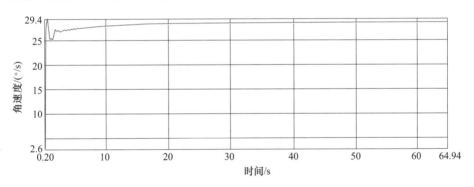

图 7-29　定常圆测试：实际横摆角速度

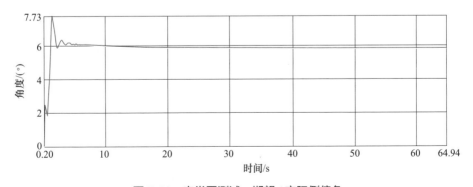

图 7-30　定常圆测试：期望／实际侧偏角

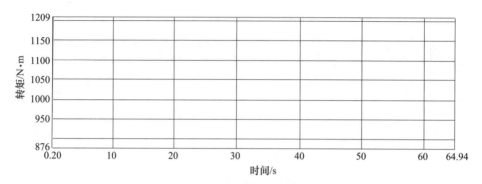

图 7-31　定常圆测试：左后轮期望 / 实际转矩

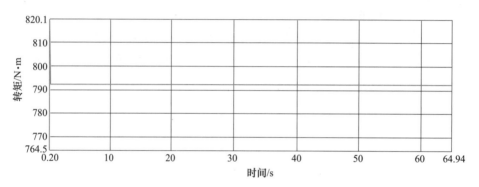

图 7-32　定常圆测试：右后轮期望 / 实际转矩

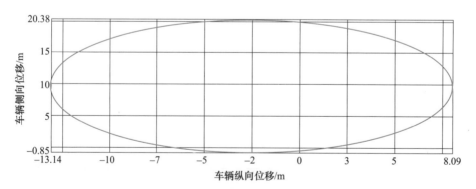

图 7-33　定常圆测试：行驶轨迹

Chapter 8

第 8 章

轮毂电机分布式驱动控制技术展望

轮毂电机分布式驱动电动汽车是智能驾驶天然优质载体,电机控制响应是发动机的十几倍,多个轮毂电机形成的执行冗余,可以保证智能驾驶更高效安全。基于分布式驱动稳定性控制,充分发挥分布式驱动底盘系统优势,可实现多目标协调控制的轨迹跟踪、紧急避撞等智能驾驶控制算法设计。

基于分布式驱动控制的轨迹跟踪技术

轮毂电机分布式驱动电动汽车每个车轮都是一个独立的驱动单元,其转矩控制变得更加灵活可控,可以通过各轮差速驱动的方式替代差速制动实现轨迹跟踪等。分布式驱动电动汽车的轨迹跟踪控制算法需要完成轨迹跟踪、横摆稳定性控制等多种功能。

模型预测控制(Model Predictive Control,MPC)易于实现多目标控制,在控制过程中也可以添加多约束,满足各种场景的控制需求。同样的多目标控制需求,在其他方法中往往需要将控制策略设计为分层算法架构,而 MPC 可以将多个控制目标由一个控制方法实现,简化算法的设计。因此,基于 MPC 设计分布式驱动电动汽车轨迹跟踪控制算法，可以满足轨迹跟踪控制、横摆稳定性控制等多种目标控制需求。

　　基于分布式驱动的 MPC 轨迹跟踪控制算法架构如图 8-1 所示，MPC 轨迹跟踪控制器根据车辆状态和上层运动规划算法给出的信息，计算前轮转角变化率 $\dot{\delta}$ 和附加横摆力矩变化率 $\dot{M}_e$，经由后续的积分模块、车轮转矩分配模块计算得出 4 个车轮转矩，最终输入被控车辆模型。整个程序中涉及的控制模块较多，本章的内容主要介绍 MPC 轨迹跟踪控制器、PI 车速控制器和车轮转矩分配策略的设计。

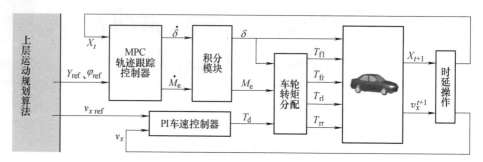

图 8-1　基于分布式驱动的 MPC 轨迹跟踪控制算法架构

8.1.1　MPC 轨迹跟踪控制器设计

1. MPC 理论简介

　　MPC 控制方法使用一个简化的系统模型来预测并评估系统未来的状态，进而选取出较好的系统输入。如图 8-2 所示，MPC 控制器的求解过程可归纳为以下几步：

　　1）在每个采样时间点 t，MPC 控制器会经由传感器和状态估计算法获得当前时刻的车辆状态，进而更新车辆当前时刻的状态变量矩阵 $\boldsymbol{x}(t)$。

　　2）通过离散状态方程式，计算得到未来 N_p 个时间步长的车辆状态 $\{\boldsymbol{x}_t^0, \boldsymbol{x}_t^1, \boldsymbol{x}_t^2, \ldots, \boldsymbol{x}_t^{N_p-1}, \boldsymbol{x}_t^{N_p}\}$，非线性最优化问题的求解见式（8-1），得到满足全局或局部最优的输入变量序列 $\{\boldsymbol{u}_t^0, \boldsymbol{u}_t^1, \boldsymbol{u}_t^2, \ldots, \boldsymbol{u}_t^{N_c-1}, \boldsymbol{u}_t^{N_c}\}$，$N_p$ 称为预测时域，N_c 称为控制时域，$N_p \geqslant N_c$。

　　3）将求解出的输入变量序列的第一项 $\boldsymbol{u}_t^0$ 应用于控制对象，丢弃剩下的部分 $\{\boldsymbol{u}_t^1, \boldsymbol{u}_t^2, \ldots, \boldsymbol{u}_t^{N_c-1}, \boldsymbol{u}_t^{N_c}\}$，到下一采样时间再次开始第一步。

$$\min_{\{\boldsymbol{u}_t^0, \boldsymbol{u}_t^1, \cdots, \boldsymbol{u}_t^{N_c}\}} \sum_{k=0}^{N_p} \left\| \boldsymbol{x}_t^k - \boldsymbol{x}_{ref}(t) \right\|_{\boldsymbol{Q}}^2 + \left\| \boldsymbol{u}_t^k - \boldsymbol{u}_{ref}(t) \right\|_{\boldsymbol{R}}^2 \qquad (8\text{-}1a)$$

$$\text{s.t.} \qquad \boldsymbol{x}_t^{k+1} = f\left(\boldsymbol{x}_t^k, \boldsymbol{u}_t^k\right) \qquad\qquad （8\text{-}1\text{b}）$$

$$\boldsymbol{x}_{\min} \leqslant \boldsymbol{x}_t^k \leqslant \boldsymbol{x}_{\max} \qquad\qquad （8\text{-}1\text{c}）$$

$$\boldsymbol{u}_{\min} \leqslant \boldsymbol{u}_t^k \leqslant \boldsymbol{u}_{\max} \qquad\qquad （8\text{-}1\text{d}）$$

$$\boldsymbol{x}_t^0 = \boldsymbol{x}(t) \qquad\qquad （8\text{-}1\text{e}）$$

$$\boldsymbol{u}_t^{k+1} = \boldsymbol{u}_t^k (k \geqslant N_c) \qquad\qquad （8\text{-}1\text{f}）$$

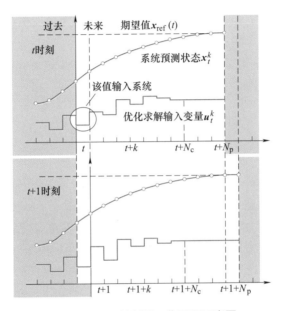

图 8-2　MPC 控制器工作原理示意图

在优化问题中，式（8-1a）为优化目标函数，$\boldsymbol{Q}$ 和 $\boldsymbol{R}$ 为权重矩阵，最优化问题的目的是求解满足约束条件下能够使优化目标函数达到全局最优或局部最优的输入变量序列 $\{ \boldsymbol{u}_t^0, \ \boldsymbol{u}_t^1, \ \boldsymbol{u}_t^2, \ ..., \ \boldsymbol{u}_t^{N_c-1}, \ \boldsymbol{u}_t^{N_c} \}$，"最优"具体指系统预测状态和输入变量序列能够尽可能接近期望值。式（8-1b）为预测模型，通过对连续状态方程式进行离散化处理获得。式（8-1c）、式（8-1d）为系统状态约束和输入变量约束。式（8-1e）为反馈校正，对系统预测状态的初始值进行更新。式（8-1f）代表当预测时间步长数超过控制时域后，输入变量保持不变。

2. MPC 控制器设计用的车辆状态方程

基于车辆横向动力学分析，推导出 MPC 控制器设计用的状态方程式。采用第 2 章建立的二自由度车辆动力学模型（图 2-5）描述车辆横向动力学，忽略车辆左右轮差异和垂向运动，能够很好地权衡车辆横向动力学描述时的准确性和精简性。

根据牛顿第二定律建立分布式驱动电动汽车横向和横摆方向的动力学关系式如下：

$$m\left(\dot{v}_y + v_x\omega\right) = mv_x\left(\dot{\beta} + \omega\right) = F_{fx}\sin\delta + F_{fy}\cos\delta + F_{ry} \qquad (8\text{-}2)$$

$$I_z\dot{\omega} = a\left(F_{fx}\sin\delta + F_{fy}\cos\delta\right) - bF_{ry} + M_e \qquad (8\text{-}3)$$

式中，m 为整车质量；I_z 为横摆方向转动惯量；M_e 为附加横摆力矩，由分布式驱动电动汽车左右侧车轮差动实现。

出于 MPC 计算速度的考虑，假设前轮转角为小角度，同样忽略轮胎纵向力的影响，精简模型可得：

$$m\left(\dot{v}_y + v_x\omega\right) = mv_x\left(\dot{\beta} + \omega\right) = F_{fy} + F_{ry} \qquad (8\text{-}4)$$

$$I_z\dot{\omega} = aF_{fy} - bF_{ry} + M_e \qquad (8\text{-}5)$$

为了将推导的车辆动力学方程应用于 MPC 轨迹跟踪控制，需要选取一些车辆动力学参数作为状态变量和输入变量建立状态方程式。MPC 控制器设计中为了实现前轮转角和附加横摆力矩的平滑变化，需要直接对前轮转角变化率和附加横摆力矩变化率设置约束。因此，选取前轮转角变化率 $\dot{\delta}$ 和附加横摆力矩变化率 $\dot{M}_e$ 为输入变量，选取车辆质心在全局坐标系中的位置 (X, Y)、横摆角 φ、质心侧偏角 β、侧向速度 v_y、横摆角速度 ω、前轮转角 δ 和附加横摆力矩 M_e 总共 8 个变量作为状态变量。由此建立状态方程：

$$\dot{\boldsymbol{x}} = f(\boldsymbol{x}, \boldsymbol{u}) = \begin{bmatrix} \dot{X} \\ \dot{Y} \\ \dot{\varphi} \\ \dot{\beta} \\ \dot{v}_y \\ \dot{\omega} \\ \dot{\delta} \\ \dot{M}_e \end{bmatrix} = \begin{bmatrix} v_x\cos\varphi - v_y\sin\varphi \\ v_x\sin\varphi + v_y\cos\varphi \\ \omega \\ \dfrac{1}{mv_x}\left(-mv_x\omega + F_{fy} + F_{ry}\right) \\ \dfrac{1}{m}\left(-mv_x\omega + F_{fy} + F_{ry}\right) \\ \dfrac{1}{I_z}\left(aF_{fy} - bF_{ry} + M_e\right) \\ \dot{\delta} \\ \dot{M}_e \end{bmatrix} \qquad (8\text{-}6)$$

式中，x 为状态变量矩阵，$x=[X,\ Y,\ \varphi,\ \beta,\ v_y,\ \omega,\ \delta,\ M_e]^T$；$u$ 为输入变量矩阵，$u=[\dot{\delta},\ \dot{M}_e]^T$。

3. 车辆状态方程离散化

推导得到的式（8-6）为连续状态方程式，不能直接用于车辆未来状态的计算，需要对其进行离散化操作。前向欧拉法是一类常用的离散化方法，见式（8-7）。其形式简单，计算速度快且容易理解，但由于数值计算的过程中只考虑了当前时刻的变化率，而实际情况中变化率会实时改变，若时间步长 h 过大，计算得到的结果将不准确。

$$y_{n+1}=y_n+h\dot{y}_n$$
$$t_{n+1}=t_n+h \tag{8-7}$$

系统初始状态：
$$y(t_0)=y_0$$

考虑到前向欧拉法的上述缺点，选择四阶龙格 - 库塔方法对式（8-6）进行离散处理。四阶龙格 - 库塔方法属于常微分方程的数值解法，擅长处理求解过程中的非线性，在计算精度和速度上具有较好的综合性能。令系统状态量变化率为

$$\frac{dy}{dt}=f(y,t) \tag{8-8}$$

四阶龙格 - 库塔方法的一般形式为

$$
\begin{aligned}
y_{n+1} &= y_n + \frac{h}{6}(k_1 + 2k_2 + 2k_3 + k_4) \\
k_1 &= f(y_n, t_n) \\
k_2 &= f\left(y_n + h\frac{k_1}{2}, t_n + \frac{h}{2}\right) \\
k_3 &= f\left(y_n + h\frac{k_2}{2}, t_n + \frac{h}{2}\right) \\
k_4 &= f(y_n + hk_3, t_n + h)
\end{aligned}
\tag{8-9}
$$

车辆状态方程式（8-6）中没有时间变量 t，因此在实际计算时不考虑该变量。综合式（8-6）和式（8-9），可以实现式（8-1b）预测模型所需的计算。

4. 目标函数与约束条件设计

轮毂电机分布式驱动电动汽车轨迹跟踪控制的目标函数主要由三个部分组成：轨迹跟踪项、横摆稳定性控制项以及输入变量惩罚项。

（1）轨迹跟踪项

首先，对于轨迹跟踪部分，优化目标函数应惩罚车辆质心位置（X, Y）与参考轨迹之间的偏差值。同时，车辆的行驶方向也应尽可能与参考轨迹的切线方向一致，即车辆横摆角 φ 应尽可能接近参考轨迹切线的倾斜角。由此，本文将轨迹跟踪的目标项设计为

$$J_1 = q_y \left[Y - Y_{\text{ref}}(X) \right]^2 + q_\varphi \left[\varphi - \varphi_{\text{ref}}(X) \right]^2 \tag{8-10}$$

式中，Y_{ref} 和 φ_{ref} 分别为参考轨迹上目标点的 Y 坐标和参考横摆角，均为 X 坐标的函数；q_y 和 q_φ 分别为 Y 坐标权重和横摆角权重，用于衡量在整个优化目标函数中，对各项的不同重视程度。

（2）横摆稳定性控制项

将质心侧偏角和横摆角速度设定为横摆稳定性控制目标项，采用线性轮胎模型计算轮胎横向力：

$$F_{\text{fy}} = C_{\text{f}} \alpha_{\text{f}}$$
$$F_{\text{ry}} = C_{\text{r}} \alpha_{\text{r}} \tag{8-11}$$

式中，C_{f} 和 C_{r} 分别为前后轮胎侧偏刚度。

前后轮胎侧偏角可计算如下：

$$a_{\text{f}} = \frac{v_y + a\omega}{v_x} - \delta$$
$$a_{\text{r}} = \frac{v_y - b\omega}{v_x} \tag{8-12}$$

综合以上讨论，联立式（8-5）、式（8-12）、式（8-11），设定理想情况下附加横摆力矩 M_e 为 0，即不需要直接横摆力矩控制，则可以将横摆角加速度 $\dot{\omega}$ 表达为

$$\dot{\omega} = \frac{aC_{\text{f}} - bC_{\text{r}}}{I_z} \beta + \frac{a^2 C_{\text{f}} + b^2 C_{\text{r}}}{I_z v_x} \omega - \frac{aC_{\text{f}}}{I_z} \delta \tag{8-13}$$

为了保证车辆行驶稳定，设定横摆角速度的期望值 ω_{ref} 应能够让横摆角加速度 $\dot{\omega}$ 为 0。因此，令 $\dot{\omega} = 0$，可将式（8-13）进一步变换为

$$\omega_{\text{ref}} = \frac{v_x}{L\left(1 + K v_x^2\right)} \delta \tag{8-14}$$

式中，L 为轴距，$L = a + b$；K 为稳定性因数。

K 的表达式为

$$K = \frac{m}{L^2}\left(\frac{a}{C_r} - \frac{b}{C_f}\right) \tag{8-15}$$

将期望质心侧偏角 β_{ref} 设定为 0，其值越小，车辆的行驶稳定性越好。基于以上讨论，将横摆稳定项设计为

$$J_2 = q_\beta(\beta - \beta_{ref})^2 + q_\omega(\omega - \omega_{ref})^2 \tag{8-16}$$

式中，q_β 和 q_ω 分别为质心侧偏角权重和横摆角速度权重。

（3）输入变量惩罚项

在 MPC 轨迹跟踪控制中，输入变量为前轮转角变化率 $\dot{\delta}$ 和附加横摆力矩变化率 $\dot{M}_e$，由于车辆执行机构结构和性能的限制，同时为了使车辆能够舒适稳定地行驶，二者的值均应该尽可能小。同时，前轮转角 δ 和附加横摆力矩 M_e 的值也应作为惩罚项。综合上述，输入变量惩罚项设计为

$$J_3 = q_\delta \delta^2 + q_M M_e{}^2 + q_{d\delta}\dot{\delta}^2 + q_{dM}\dot{M}_e{}^2 \tag{8-17}$$

式中，q_δ、q_M、$q_{d\delta}$ 和 q_{dM} 分别为前轮转角权重、附加横摆力矩权重、前轮转角变化率权重和附加横摆力矩变化率权重。

（4）状态量约束与输入量约束

在自动驾驶汽车行驶过程中，应优先保证车辆的行驶稳定性。因此，在状态变量中，选择对质心侧偏角 β 和横摆角速度 ω 进行上下限约束：

$$\begin{aligned} \beta_{min} &\leqslant \beta \leqslant \beta_{max} \\ \omega_{min} &\leqslant \omega \leqslant \omega_{max} \end{aligned} \tag{8-18}$$

同样地，在输入变量中，本书选择对 $\dot{\delta}$、$\dot{M}_e$、δ、M_e 均采用上下限约束：

$$\begin{aligned} \dot{\delta}_{min} &\leqslant \dot{\delta} \leqslant \dot{\delta}_{max} \\ \dot{M}_{e\,min} &\leqslant \dot{M}_e \leqslant \dot{M}_{e\,max} \\ \delta_{min} &\leqslant \delta \leqslant \delta_{max} \\ M_{e\,min} &\leqslant M_e \leqslant M_{e\,max} \end{aligned} \tag{8-19}$$

式（8-18）与式（8-19）设置的约束均为硬约束，即严格意义上不允许超出边界的约束，但在实际计算过程中，如果所有约束均不允许超出边界，有时候可能无法获得最优解。对于这种情况，通常会将某些约束设置为软约束，即允许适当超出边界的约束。因此，本书将状态变量约束设置为软约束，而输入变量约束仍保持为硬约束：

$$\beta_{\min} - \sigma_1 \leqslant \beta \leqslant \beta_{\max} + \sigma_1$$
$$\omega_{\min} - \sigma_2 \leqslant \omega \leqslant \omega_{\max} + \sigma_2 \qquad (8\text{-}20)$$
$$\sigma_1 \geqslant 0, \sigma_2 \geqslant 0$$

约束式中，σ_1 和 σ_2 为松弛因子，其值应越小越好。因此，优化目标函数中应加入松弛因子项，对松弛因子的大小进行惩罚：

$$J_4 = q_{\sigma_1}\sigma_1^{\,2} + q_{\sigma_2}\sigma_2^{\,2} \qquad (8\text{-}21)$$

式中，q_{σ_1} 和 q_{σ_2} 为两个松弛因子的权重。

综合以上关于轨迹跟踪项、横摆稳定项、输入变量惩罚项、松弛因子项与约束条件的讨论，最终得到的优化问题如下：

$$\min_{\left\{\boldsymbol{u}_t^0, \boldsymbol{u}_t^1, \cdots, \boldsymbol{u}_t^{N_c}\right\}} \sum_{k=0}^{N_p} J_1 + J_2 + J_3 + J_4$$

$$\text{s.t.} \qquad \boldsymbol{x}_t^{k+1} = f\left(\boldsymbol{x}_t^k, \boldsymbol{u}_t^k\right)$$
$$\beta_{\min} - \sigma_1 \leqslant \beta \leqslant \beta_{\max} + \sigma_1$$
$$\omega_{\min} - \sigma_2 \leqslant \omega \leqslant \omega_{\max} + \sigma_2$$
$$\dot{\delta}_{\min} \leqslant \dot{\delta} \leqslant \dot{\delta}_{\max} \qquad (8\text{-}22)$$
$$\dot{M}_{e\min} \leqslant \dot{M}_e \leqslant \dot{M}_{e\max}$$
$$\delta_{\min} \leqslant \delta \leqslant \delta_{\max}$$
$$M_{e\min} \leqslant M_e \leqslant M_{e\max}$$
$$\boldsymbol{x}_t^0 = \boldsymbol{x}(t)$$
$$\boldsymbol{u}_t^{k+1} = \boldsymbol{u}_t^k \quad (k \geqslant N_c)$$

通过选用一定的优化求解工具箱求解优化问题式（8-22），可以求得输入变量序列第一项 $\boldsymbol{u}_t^0 = \begin{bmatrix} \dot{\delta}_t^0, & \dot{M}_{et}^0 \end{bmatrix}^{\mathrm{T}}$。选用式（8-7）所示的前向欧拉法作为积分器对 MPC 的输出进行积分，可以得到在当前时刻应该输入车辆的前轮转角 δ 和附加横摆力矩 M_e，从而完成基于分布式驱动的 MPC 轨迹跟踪控制器设计。

8.1.2　分布式四驱转矩分配策略

从基于分布式驱动的 MPC 轨迹跟踪算法框架（图 8-1）可以看出，MPC 算法仅解决了前轮转角 δ 和附加横摆力矩 M_e 的计算，完整的分布式驱动电动汽车的轨迹跟踪控制算法还需要设计 4 个车轮转矩的具体分配策略，实现附加横摆力矩。

四轮毂电机转矩分配首先需要一个总驱动力矩，保证车辆能够克服道路阻力，以期望的速度前进。设计一个 PI 车速控制器，计算总驱动力矩：

$$T_{\mathrm{d}}^{\mathrm{PI}} = K_{\mathrm{P}}e_{vx} + K_{\mathrm{I}}\int_0^t e_{vx}\mathrm{d}t \tag{8-23}$$

式中，$T_{\mathrm{d}}^{\mathrm{PI}}$ 为由 PI 控制器计算出的四轮毂电机输出力矩之和；$e_{vx} = v_{x\mathrm{ref}} - v_x$ 为纵向车速与期望纵向车速的差值；K_{P} 与 K_{I} 分别为比例系数和积分系数。

电机的输出转矩还应该满足电机的外特性曲线，如图 8-3 所示。当电机转速低于 n_0 时，电机工作在恒转矩区，电机最大转矩保持不变；当电机转速逐渐增大超过额定转速 n_0 时，抵达恒功率区，电机最大转矩与转速成反比关系。

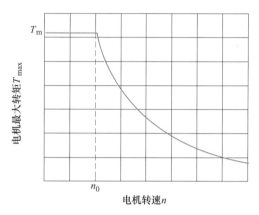

图 8-3 电机的外特性曲线

根据电机外特性曲线，电机最大转矩和转速应满足：

$$T_{\max} = \begin{cases} T_{\mathrm{m}} & , n < n_0 \\ \dfrac{n_0}{n}T_{\mathrm{m}} & , n \geqslant n_0 \end{cases} \tag{8-24}$$

由此，当电机转速 $n \geqslant n_0$ 时，电机总力矩 T_{d} 和电机最大转矩 $T_{\max}$ 应按同比例减小。电机总驱动力矩应修正为

$$T_{\mathrm{d}} = \begin{cases} T_{\mathrm{d}}^{\mathrm{PI}} & , n < n_0 \\ \dfrac{n_0}{n}T_{\mathrm{d}}^{\mathrm{PI}} & , n \geqslant n_0 \end{cases} \tag{8-25}$$

假定 4 个车轮所处的路面状况相同，各轮附着力的差别取决于各轮垂向载荷。考虑到前后轴垂向载荷的比例取决于前后轴到车辆质心的水平距离，为了尽可能防止车轮滑转并最大限度地利用车辆的附着能力，电机总力矩 T_{d} 和附加横摆力矩 M_{e} 应按相同的比例分配至前后轴车轮。由此可设定各轮纵向力应满足的条件为

$$\begin{cases} (F_{fl} + F_{fr})\cos\delta = \dfrac{b}{L}F_d \\ (F_{fr} - F_{fl})\dfrac{W\cos\delta}{2} = \dfrac{b}{L}M_e \end{cases} \tag{8-26}$$

$$\begin{cases} F_{rl} + F_{rr} = \dfrac{a}{L}F_d \\ (F_{rr} - F_{rl})\dfrac{W}{2} = \dfrac{a}{L}M_e \end{cases} \tag{8-27}$$

式中，a、b、L 分别为前轴到整车质心的水平距离、后轴到整车质心的水平距离、轴距；F_d 为车辆总纵向力；W 为轮距；F_{fl}、F_{fr}、F_{rl}、F_{rr} 分别为前左轮、前右轮、后左轮、后右轮的纵向力。

式（8-26）和式（8-27）描述了各车轮纵向力需满足的要求，但要直接作为各轮电机的控制信号，还需要根据力与转矩的关系将二者转换为转矩形式。轮毂电机转矩与车轮纵向力的关系为

$$F_i = \frac{T_i}{r} \tag{8-28}$$

式中，r 为车轮滚动半径；F_i 和 T_i 分别为各轮纵向力和各轮毂电机转矩。

联立式（8-26）～式（8-28），可以求出各轮毂电机转矩：

$$\begin{aligned} T_{fl} &= \frac{b}{2L\cos\delta}T_d - \frac{br}{WL\cos\delta}M_e \\ T_{fr} &= \frac{b}{2L\cos\delta}T_d + \frac{br}{WL\cos\delta}M_e \\ T_{rl} &= \frac{a}{2L}T_d - \frac{ar}{WL}M_e \\ T_{rr} &= \frac{a}{2L}T_d + \frac{ar}{WL}M_e \end{aligned} \tag{8-29}$$

8.2 基于分布式驱动控制的紧急避撞技术

紧急避撞技术是高级驾驶辅助系统（Advanced Driving Assistance System，ADAS）的重要组成部分。高速行驶下的汽车实现紧急避撞功能时，急打方向很可能出现失稳，发生侧滑、侧翻的危险，因此在紧急避撞策略中加入车辆稳定性控制是有必要的。分布式驱动电动汽车每个轮毂电机都是单独的控制

单元，各轮转矩独立可控，可以通过分配各轮的驱动力 / 制动力来调整车身姿态，从而抑制车辆失稳的趋势。因此，若在分布式驱动电动汽车上搭载紧急避撞功能，可以进一步提高车辆行驶稳定性，保证紧急避撞的路径跟踪精度与车辆行驶安全。

8.2.1　紧急避撞的路径规划与决策

决策与路径规划是车辆紧急避撞的基础。在决策过程中，需要根据与障碍物的相对速度、相对距离等场景环境信息来判断车辆的危险情况，进而决定是否开启紧急避撞功能。若有碰撞危险，应该综合考虑车道边界、车辆失稳、旁车干扰等风险与换道效率、乘坐舒适性等性能要求，规划出一条合理、安全、高效的避撞路径。本节主要讨论的内容分为紧急避撞路径规划及约束条件、紧急避撞综合决策策略、紧急避撞路径规划与决策总体方案介绍三部分展开。

1. 紧急避撞路径规划及约束条件

当前方与障碍物之间的距离不足以让车辆实现制动避撞的情况下，可以采取转向避撞的形式。为了保证车辆紧急避撞过程的安全性，所规划的转向避撞路径应该保证曲率光滑连续无突变，方向盘振荡小，实时性好，并尽可能满足换道轨迹短、曲率小、造成的车辆侧向加速度小。

（1）基于五次多项式的避撞路径

由于紧急避撞过程有曲率条件、纵向避撞距离、侧向位移、道路边界等多种约束，综合考虑选择采用五次多项式的方法来规划避撞路径。多项式路径的优点是形式简洁，曲率连续并且起点终点曲率为 0，实时性佳，可拓展性好。五次多项式即最高阶数项为五次方，相比于七次多项式来说阶数低，多项式拟合阶数过高会造成模型复杂、计算速度慢，影响实车避撞效果；相比于三次多项式，五次多项式拟合出的位移、速度、加速度曲线更平顺，更符合驾驶员转向操作。因此，选用五次多项式作为路径规划的基础方法。五次多项式的一般表达式为

$$y(x) = a_0 + a_1 x + a_2 x^2 + a_3 x^3 + a_4 x^4 + a_5 x^5 \tag{8-30}$$

式中，$a_0 \sim a_5$ 为多项式拟合系数；y 为车辆侧向位移；x 为车辆纵向位移。

紧急转向时间较短，因此在进行避撞路径的设计之前，做如下合理的假设与简化：

1）在转向过程中车辆制动系统不参与工作，即纵向加速度保持为 0。

2）在转向过程中前车、旁车纵向速度保持不变。

3）车辆在紧急避撞之前处于直线匀速运动，侧向位移、侧向速度、侧向加速度均为0。

4）做运动分析时，自车、前车、旁车均看作刚体，具有左前角点、右前角点、左后角点、右后角点。

5）车辆在车道上行驶，具有车道线约束。

按照大地坐标系，设车辆避撞路径起始点坐标为 $(0,0)$，路径终点坐标为 (x_e, y_e)，转向时间为 t_e。根据之前已说明的路径条件要求，轨迹边界条件应该满足起点侧向位移 $y(0)$、侧向速度 $\dot{y}(0)$、侧向加速度 $\ddot{y}(0)$ 均为0，终点侧向位移 $y(x_e)$、侧向速度 $\dot{y}(x_e)$、侧向加速度 $\ddot{y}(x_e)$ 均为0，表示为

$$\begin{cases} y(0) = \dot{y}(0) = \ddot{y}(0) = 0 \\ y(x_e) = y_e \\ \dot{y}(x_e) = \ddot{y}(x_e) = 0 \end{cases} \quad (8\text{-}31)$$

将轨迹边界条件带入五次多项式表达式（8-29），可得转向路径的表达式：

$$y = \frac{y_e}{x_e^5}\left(6x^5 - 15x_e t^4 + 10x_e^2 x^3\right) \quad (8\text{-}32)$$

由于纵向速度假定恒定，因此 $x = v_x t$，$x_e = v_x t_e$，带入式（8-31）得：

$$y = \frac{y_e}{t_e^5}\left(6t^5 - 15t_e t^4 + 10t_e^2 t^3\right) \quad (8\text{-}33)$$

对式（8-33）求一阶导、二阶导分别可得侧向速度 v_y 与侧向加速度 a_y 表达式：

$$v_y = \frac{30y_e}{t_e^5}\left(t^4 - 2t_e t^3 + t_e^2 t^2\right) \quad (8\text{-}34)$$

$$a_y = \frac{60y_e}{t_e^5}\left(2t^3 - 3t_e t^2 + t_e^2 t\right) \quad (8\text{-}35)$$

对车辆侧向速度取反正切可得横摆角 φ 的表达式：

$$\varphi = \arctan\left(\frac{30y_e}{t_e^5}(t^4 - 2t_e t^3 + t_e^2 t^2)\right) \quad (8\text{-}36)$$

（2）避撞路径条件约束

可以看到，转向路径形状、曲率大小的影响参数为转向时间 t_e 与最大侧向位移 y_e。在保证车辆稳定性的前提下，t_e 与 y_e 都是越小越好，越小说明转向越极限，轨迹的曲率越大。尤其当车辆高速行驶时，突然转向对车辆侧向加速度会产生巨大影响，车速越快、转向越急，侧向加速度就越大，威胁驾驶安全。

因此，必须对侧向加速度加以限制来保证车辆行驶稳定性，以极限侧向加速度为条件约束确定最小转向时间。对式（8-35）求一阶导并令其等于0，可求得侧向加速度极值的表达式为

$$a_{y\max} = \frac{10\sqrt{3}y_e}{3t_e^2} \tag{8-37}$$

车辆侧向加速度按强度可以分为以下4个等级：

1）正常级，侧向加速度相对较小，车辆非常安全：

$$0 \leqslant |a_y| \leqslant \left[0.25v - (v/44)^{1.85}\right]g \tag{8-38}$$

2）较强级，侧向加速度中等，车辆比较安全：

$$\left[0.25v - (v/44)^{1.85}\right]g \leqslant |a_y| \leqslant (0.22 - 0.002v)g \tag{8-39}$$

3）限制级，侧向加速度相对较大，车辆比较危险：

$$(0.22 - 0.002v)g \leqslant |a_y| \leqslant 0.67\mu g \tag{8-40}$$

4）最大级，侧向加速度非常大，车辆非常危险：

$$0.67\mu g \leqslant |a_y| \leqslant 0.85\mu g \tag{8-41}$$

式（8-38）～式（8-41）中，v 为车速；μ 为路面附着系数；g 为重力加速度。

针对分布式驱动车辆进行紧急避撞功能开发，可以在车辆转向过程通过协调分配各轮驱动力实现稳定性控制，避免由于转向导致车辆失稳的情况发生。因此，可以选择侧向加速度极值为最大级限制 $0.85\mu g$。将加速度极值 $0.85\mu g$ 带入式（8-37）可求得最小转向时间 $t_{e\min}$ 为

$$t_{e\min} = \sqrt{\frac{10\sqrt{3}y_e}{2.55\mu g}} \tag{8-42}$$

同时，除了最小转向时间的条件约束之外，还应考虑到实际道路边界的约束，车辆不能与道路边界如防护栏等道路设施碰撞，因此对车辆最大侧向位移做如下限制：

$$y_e + \frac{W}{2} \leqslant y_{edge} \tag{8-43}$$

式中，W 为车辆轮距；y_{edge} 为路沿车道线至车辆中轴线的侧向距离。

（3）避撞路径簇与最优路径

对避撞路径进行侧向加速度与侧向位移约束后，得到了最小转向时间与最大侧向位移。传统的多项式路径规划方法往往仅设置固定的转向时间与侧向位

移来规划路径，以车身坐标系 X 轴为基准，向 Y 轴正方向与反方向分别偏置出 n 条路径作为备选路径；再建立带权重因子的代价函数来选出 n 条中代价最小的最优路径。

路径簇中各路径的转向时间相同，都为最小转向时间 t_{emin}，这样所有路径结束点的纵向位移都相等；不同路径侧向位移不同，按照编号等差选择，选择范围 $|y_e|$ 与各路径侧向位移差值 Δy_e 见式（8-44）、式（8-45）：

$$0 \leqslant |y_e| \leqslant y_{edge} - \frac{W}{2} \tag{8-44}$$

$$\Delta y_e = \frac{y_{edge}}{n} - \frac{W}{2n} \tag{8-45}$$

在生成路径簇后，需要建立带权重因子的代价函数，来挑选出路径簇中代价函数值最小的路径序列。设计代价函数包含安全性指标 C_s、效率性指标 C_e 与舒适性指标 C_c，三者分别代表路径的碰撞安全、换道效率与乘坐体验。根据各权重求和得到路径的代价值：

$$J = w_1 C_s[i] + w_2 C_e[i] + w_3 C_c[i] \tag{8-46}$$

安全性指标 C_s 是最重要的指标，它决定最优路径是否能准确避开障碍物，因此其权重 w_1 最大，本书取 0.75。当路径会发生碰撞时，C_s 为 1，反之为 0。C_s 的表达式：

$$C_s[i] = \begin{cases} 0, & 未发生碰撞 \\ 1, & 发生碰撞 \end{cases} \tag{8-47}$$

式中，i 为路径编号。

因此，要确定 C_s 的值需要进行路径碰撞检测。在紧急转向的情况下，碰撞情况多为自车前部与前车尾部发生碰撞，通过计算自车前角点与障碍物后角点之间的距离来完成碰撞检测，两个角点存在防撞外切圆半径，当两个外切圆相离时车辆安全，相交时则发生碰撞。未发生碰撞的约束条件为

$$\begin{cases} R_{car} + R_{ob} + D_{safe} \leqslant \sqrt{[X_{fl}(t) - X_{obrl}(t)]^2 + [Y_{fl}(t) - Y_{obrl}(t)]^2} \\ R_{car} + R_{ob} + D_{safe} \leqslant \sqrt{[X_{fl}(t) - X_{obrr}(t)]^2 + [Y_{fl}(t) - Y_{obrr}(t)]^2} \\ R_{car} + R_{ob} + D_{safe} \leqslant \sqrt{[X_{fr}(t) - X_{obrl}(t)]^2 + [Y_{fr}(t) - Y_{obrl}(t)]^2} \\ R_{car} + R_{ob} + D_{safe} \leqslant \sqrt{[X_{fr}(t) - X_{obrr}(t)]^2 + [Y_{fr}(t) - Y_{obrr}(t)]^2} \end{cases} \tag{8-48}$$

式中，R_{car}、R_{ob} 为车辆、障碍物角点的防撞外切圆半径；D_{safe} 为冗余安全距离；X_{fl}、Y_{fl} 为车辆左前角点的全局坐标；X_{fr}、Y_{fr} 为车辆右前角点的全局坐标；X_{obrl}、Y_{obrl} 为障碍物左后角点的全局坐标；X_{obrr}、Y_{obrr} 为障碍物右后角点的全局坐标。

自车角点全局坐标可以根据车辆质心位置（X，Y）经过坐标转换得到：

$$\begin{cases} X_{fl} = X + a\cos\varphi - \dfrac{W}{2}\sin\varphi \\[2mm] X_{fr} = X + a\cos\varphi + \dfrac{W}{2}\sin\varphi \\[2mm] Y_{rl} = Y + a\sin\varphi + \dfrac{W}{2}\cos\varphi \\[2mm] Y_{rr} = Y + a\sin\varphi - \dfrac{W}{2}\cos\varphi \end{cases} \tag{8-49}$$

式中，φ 为车辆横摆角；W 为车宽。

效率性指标 C_e 表征车辆换道效率，其权重 w_2 应小于安全性权重，本书取 0.2。C_e 为当前车辆侧向位移和极限侧向位移之比，侧向位移越小，换道效率越高，计算公式如下：

$$C_e[i] = \frac{y_e}{y_{emax}} \tag{8-50}$$

舒适性指标 C_c 表征车辆乘坐舒适性，紧急避撞过程应该适当考虑乘员的生理极限与乘坐舒适性，其权重 w_3 最小，本书取 0.05。路径曲率越大，平滑性与乘坐舒适性越差。可选用路径曲率平方作为舒适性评价指标，C_c 计算如下：

$$C_c[i] = \int K_i^2(s)\mathrm{d}s = \int_0^{t_e} K_i^2(t)\mathrm{d}t \tag{8-51}$$

式中，K 为路径曲率，表达式见式（8-52）。

$$K(x) = \frac{y''}{\left(1 + y'^2\right)^{\frac{3}{2}}} \tag{8-52}$$

至此，完成避撞路径簇与代价函数的构建。如图 8-4 所示，在道路边界内生成路径簇，虚线路径表示为期望路径，序列号为 13 的路径代价函数最小，因此选择其作为目标路径。

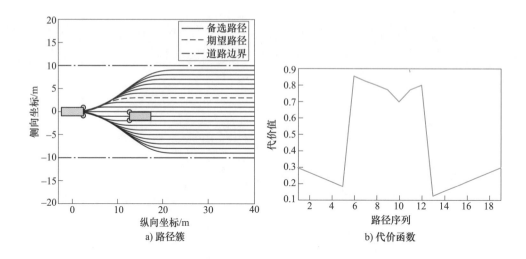

图 8-4　路径簇与代价函数

2. 紧急避撞综合决策策略

　　紧急避撞功能的决策部分至关重要，直接影响到车辆能否顺利完成避撞，关乎车辆安全。若车辆决策紧急避撞功能过早开启，车载系统会计算大量冗余信息，并且可能影响车辆正常驾驶；若车辆决策紧急避撞功能过迟开启，会导致车辆来不及转向，导致紧急避撞功能失效。因此，决策策略是紧急避撞功能的重要组成部分。采取基于前向碰撞预警系数和基于安全时距模型的危险判断进行决策，在留有系统安全冗余性的同时保证避撞功能的有效性。

　　（1）基于前向碰撞预警系数的危险判断

　　要判断车辆的碰撞危险，设立碰撞时间（Time To Collision，TTC）门限是一种简单高效的方法。TTC 越小，说明预留的转向时间越少，越容易发生碰撞。如图 8-5 所示，假定车辆车长为 L，车宽为 B，转向时刻质心坐标点为质心原点，按右手法则建立坐标系，转向过程纵向位移为 x_e，侧向位移为 y_e，车辆与障碍物的相对速度为 V_{rel}。当车辆转向时刻至 $t_e/2$ 时，车辆与大地坐标系 X 轴之间的航向角为最大值 φ_{max}，与障碍物左后角点最可能发生碰撞，处于最危险即最容易与障碍物发生碰撞的时刻，因此 TTC 应根据该时刻的车辆和场景参数来计算。

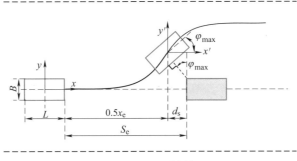

图 8-5 极限碰撞位置

根据几何关系，$t_e/2$ 时刻车辆质心与车辆后角点横坐标之间的差值 d_s 可以表示为

$$d_s = \sqrt{\left(\frac{B}{2}\right)^2 + \left(\frac{L}{2}\right)^2} \cos\left(\arctan\frac{B}{L} - \varphi_{max}\right) \tag{8-53}$$

此时，车辆侧向速度为最大值，带入式（8-34）得：

$$v_{y\max} = \frac{15y_e}{8t_e} \tag{8-54}$$

因此，最大航向角 φ_{max} 为

$$\varphi_{max} = \arctan\frac{v_{y\max}}{v_x} = \arctan\frac{15y_e}{8x_e} \tag{8-55}$$

纵向极限碰撞距离 S_e 则可以表示为

$$S_e = \frac{x_e - L}{2} + d_s = \frac{x_e - L}{2} + \sqrt{\left(\frac{B}{2}\right)^2 + \left(\frac{L}{2}\right)^2}\cos\left(\arctan\frac{B}{L} - \arctan\frac{15y_e}{8x_e}\right) \tag{8-56}$$

TTC 为纵向极限碰撞距离与相对速度的比值：

$$TTC = \frac{S_e}{V_{rel}} = \frac{1}{V_{rel}}\left[\frac{x_e - L}{2} + \sqrt{\left(\frac{B}{2}\right)^2 + \left(\frac{L}{2}\right)^2}\cos\left(\arctan\frac{B}{L} - \arctan\frac{15y_e}{8x_e}\right)\right] \tag{8-57}$$

TTC 的变化量往往很大，因此在 TTC 的基础上引入前向碰撞风险系数（Forword Collusion Risk，FCR）的概念，利用 FCR 作为判断车辆是否开启紧急避撞功能的条件。FCR 为 TTC 的导数：

$$FCR = TTC^{-1} = \frac{V_{rel}}{S_e} \tag{8-58}$$

当 TTC 越大时，FCR 越趋近于 0，FCR 越小表示碰撞风险越小，车辆越安全，反之亦然。可以将 FCR 划分为 3 个风险等级，详见表 8-1。

表 8-1　前向碰撞风险系数等级

FCR 门限值	车辆情况	风险等级
<0.2	安全	I
0.2 ～ 0.3	碰撞预警	II
>0.3	危险	III

为了不让车辆过早进入紧急避撞功能从而影响驾驶体验，拟定 FCR 门限值为 0.5。

（2）基于安全时距模型的危险判断

基于前向碰撞预警系数的危险判断基础之上，可以再进行基于安全时距模型的危险判断。车辆的避撞模式可以分为制动避撞与转向避撞，在车辆可控制的安全距离内，能够通过制动与转向避撞的极端时刻称为最晚制动时刻与最晚转向时刻，极限制动 / 转向距离指的是车辆最晚制动 / 转向时刻与前车的距离。在不同的相对车速下，两种模式的优先级需要视情况而定。可以通过比较极限转向距离与极限制动距离的大小来判断是否开启紧急转向避撞功能。当极限转向距离大于极限制动距离时，车辆通过制动便可避免碰撞；反之，采取转向避撞。两者的表达式如下：

$$D_{\text{steer}} = \left(v_{\text{f}} - v_{\text{r}} \right) t_{\text{emin}} + D_{\text{safe}} \tag{8-59}$$

$$D_{\text{brake}} = \left(v_{\text{f}} - v_{\text{r}} \right) T_{\text{delay}} + \frac{v_{\text{f}}^{2} - v_{\text{r}}^{2}}{2a_{y\max}} + D_{\text{safe}} \tag{8-60}$$

式中，D_{steer} 为极限转向距离；D_{brake} 为极限制动距离；v_{f} 为前车速度；v_{r} 为自车速度；t_{emin} 为最小转向时间；T_{delay} 为驾驶员反应滞后时间，可取 0.2s；$a_{y\max}$ 为最大侧向加速度，可取 $0.85\mu g$；D_{safe} 为冗余安全距离。

如图 8-6 所示，当 μ 为 0.7，相对速度小于临界点车速 14.17m/s（51km/h）时，极限转向距离大于极限制动距离，优先选择制动避撞；反之，选择转向避撞。临界点车速大小与路面附着系数 μ 有关，μ 越小，路面越湿滑，车辆制动距离增大，因此极限制动距离越小，此时采用转向避撞就更具优势。

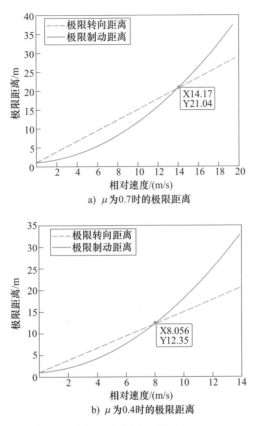

图 8-6 极限转向距离与极限制动距离

3. 紧急避撞路径规划与决策总体方案

前文讨论了车辆的五次多项式路径规划与多种危险判断的方法、决策车辆何时开启紧急避撞功能以及车辆如何避撞。多种策略的简单累加可能会使决策系统进入低效率循环、错误循环甚至死循环状态，因此需要搭建合理的决策逻辑框架。可采用分层决策的逻辑方式，具体流程（图 8-7）如下：

1）车辆通过感知系统检测周围是否有障碍车辆，"否"即车辆安全，"是"则车辆进入实时路径规划状态，时刻从路径簇中挑选最优路径，得到最小转向时间与最大横向位移。

2）当前方有车辆时，根据已有的最优路径及相关参数，实时计算车辆的 TTC 与 FCR。当 FCR>0.5 时表明车辆已处于危险状态，需要采取紧急转向避撞；当 FCR<0.5 时，则表明车辆暂时处于安全状态。

3）当 FCR>0.5 时，通过安全时距模型计算极限制动距离与极限转向距离。

当 $D_{steer} < D_{brake}$ 时采取紧急转向避撞，反之采取紧急制动避撞。

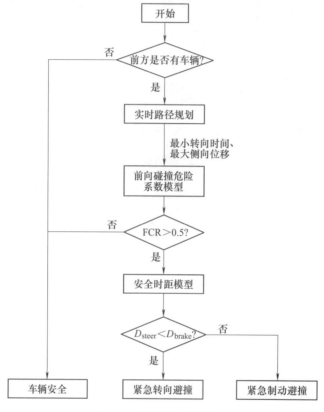

图 8-7　紧急避撞决策流程

8.2.2　提高紧急避撞稳定性的分布式驱动控制

如图 8-8 所示，车辆在紧急避撞时往往处于高速工况，在受到干扰的情况下容易进入过度转向状态，此时转弯半径极小，急打方向车辆很有可能出现后轴侧滑甩尾，发生激转危险。另外，由于车辆的适度不足转向特性，在高速下转向时也容易出现前轴侧滑而失去路径跟踪能力、偏离期望轨迹的现象。当后轴侧滑发生激转时，对车辆施加向外侧的横摆力矩可以抑制后轴侧滑；当前轴侧滑发生偏离路径时，应该对车辆施加适当大小向内侧的横摆力矩抑制前轴侧滑。因此，若能给汽车施加额外的横摆力矩，根据不同工况抑制前轴侧滑或后轴侧滑，一方面可以尽可能避免极限工况下发生的危险，另一方面还能够提高路径跟踪准确性，有利于实现紧急避撞功能。

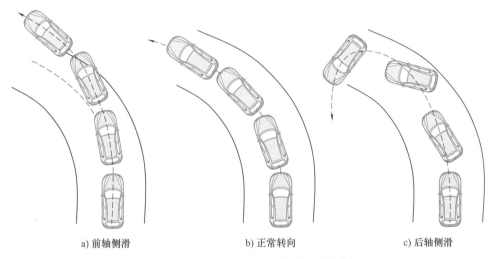

a) 前轴侧滑　　　　　　　　　b) 正常转向　　　　　　　　　c) 后轴侧滑

图 8-8　分布式驱动车辆整车转向及转向侧滑

分布式驱动电动汽车的优势在于各个车轮驱动力都相互独立可调节，设计基于横摆稳定性的分布式驱动力控制策略，用调节分配内外侧后轮转矩的方式来产生附加横摆力矩，即直接横摆力矩控制，以此来减小横摆角速度偏差与质心侧偏角偏差，进而保证分布式驱动车辆行驶稳定性与路径跟踪准确性。

1. 横摆稳定性控制目标

横摆角速度和质心侧偏角与期望值之间的偏差过大都会造成车辆失稳与轨迹跟踪失效。选择横摆角速度与质心侧偏角作为控制目标来实现横摆稳定性控制，使两者实际值尽可能接近期望值。

通过二自由度车辆模型，可以求得稳态横摆角速度增益，其表示为横摆角速度期望值 ω_d 与车轮转角 δ_w 之间的关系：

$$\omega_d = \frac{v_x}{L\left(1 + Kv_x^2\right)}\delta_w \tag{8-61}$$

式中，δ_w 为前轮转角；L 为轴距；K 为稳定性因数，用于表征车辆稳态响应。

在质心侧偏角 - 质心侧偏角速度稳定域中，质心侧偏角越接近于 0，车辆越稳定。因此可选择期望质心侧偏角为 0。质心侧偏角传感器价格昂贵，实际质心侧偏角不容易直接测量，故选择运动几何学的方式估算得到：

$$\beta = \arctan\left[\frac{b\tan\delta}{L}\right] \tag{8-62}$$

2. 基于横摆稳定性的驱动力控制分配

设计横摆稳定性模糊控制器，以求出保证分布式驱动车辆稳定行驶的附加横摆力矩。以车辆横摆角速度实际值和期望值之间的差值 e_ω、质心侧偏角实际值与期望值之间的差值 e_β 为输入量，按制定的模糊规则进行模糊推理、解模糊后，得到输出量期望附加横摆力矩 ΔM_ω。通过控制分配左右后轮驱动力的方式产生附加横摆力矩。

一方面，左右后轮承担驱动车辆的作用，左右轮驱动力矩之和为总驱动力矩 T_d。另一方面，左右轮驱动力矩之间应存在差矩，围绕车辆质心产生期望附加横摆力矩 ΔM_ω。因此存在如下关系：

$$\begin{cases} T_{drl} + T_{drr} = T_d \\ \dfrac{(T_{drr} - T_{drl})\dfrac{W}{2}}{r} = \Delta M_\omega \end{cases} \tag{8-63}$$

式中，T_{drl}、T_{drr} 为左右后轮的驱动力矩；W 为轮距；r 为车轮滚动半径。

由式（8-63）可以推导得到左右后轮驱动力矩的分配关系：

$$\begin{cases} T_{drl} = \dfrac{T_d}{2} - \dfrac{\Delta M_\omega r}{W} \\ T_{drr} = \dfrac{T_d}{2} + \dfrac{\Delta M_\omega r}{W} \end{cases} \tag{8-64}$$

参 考 文 献

[1] 余志生. 汽车理论 [M]. 北京：机械工业出版社，2014.

[2] 贡俊. 电动汽车工程手册　第五卷　驱动电机与电力电子 [M]. 北京：机械工业出版社，2019.

[3] 朱军. 新能源汽车动力系统控制原理及应用 [M]. 上海：上海科学技术出版社，2017.

[4] 余卓平，冯源，熊璐. 分布式驱动电动汽车动力学控制发展现状综述 [J]. 机械工程学报，2013，49(8): 105-114.

[5] JALALI M, HASHEMI E, KHAJEPOUR A, et al. Integrated model predictive control and velocity estimation of electric vehicles[J]. Mechatronics, 2017, 46:84-100.

[6] REINA G, MESSINA A. Vehicle dynamics estimation via augmented Extended Kalman Filtering[J]. Measurement, 2019, 133:383-395.

[7] 张河山. 电动汽车轮毂电机建模与性能研究 [D]. 重庆：重庆大学，2018.

[8] 冯宇驰. 电动汽车永磁同步轮毂电机直接转矩模型预测控制研究 [D]. 长春：吉林大学，2020.

[9] 袁雷，等. 现代永磁同步电机控制原理及 MALAB 仿真 [M]. 北京：北京航空航天大学出版社，2016.

[10] 邱斌斌，朱绍鹏，马浩军，等. 电动车辆驱动控制系统仿真测试平台设计 [J]. 浙江大学学报（工学版），2015，6: 1154-1159.

[11] 朱绍鹏，傅琪涛，黄小燕，等. 分布式四驱电动汽车电机故障诊断及失效控制 [J]. 汽车工程，2020，9: 1284-1291.

[12] TANG S, YUAN S, LI X, et al. Dynamic modeling and experimental validation of skid-steered wheeled vehicles with low-pressure pneumatic tires on soft terrain[J]. Proceedings of the Institution of Mechanical Engineers Part D Journal of Automobile Engineering, 2019, 234(2-3): 095440701984730.

[13] 彭博，李军求，孙逢春，等. 多轴分布式电驱动车辆后桥差动转向控制策略研究 [J]. 汽车工程，2020，42（7）: 909-916.

[14] 郭德东. 电动轮驱动汽车差动协同主动转向系统研究 [D]. 长春：吉林大学，2020.

[15] 聂朋朋. 纯电动汽车 VCU 硬件在环测试系统的研究与实现 [D]. 武汉：武汉理工大学，2017.

[16] GUO H, LIU J, CAO D, et al. Dual-envelop-oriented moving horizon path tracking control for

fully automated vehicles[J]. Mechatronics, 2018, 50: 422-433.

[17] 于永杰. 汽车主动避撞系统控制策略研究 [D]. 西安：长安大学，2019.

[18] 袁伟，蒋拯民，郭应时. 制动与转向协调动作的车辆避撞控制研究 [J]. 中国公路学报，2019，32（1）：173-181.

[19] 张雷，赵宪华，王震坡. 四轮轮毂电机独立驱动电动汽车轨迹跟踪与横摆稳定性协调控制研究 [J]. 汽车工程，2020，42（11）：1513-1521.

[20] 王晓. 分布式驱动电动汽车横向稳定性集成控制研究 [D]. 合肥：合肥工业大学，2018.

[21] 刘孝龙. 多轮独立驱动电动汽车驱动力控制系统研究 [D]. 杭州：浙江大学，2013.

[22] 吴志军. 多轮独立驱动电动汽车驱动控制系统设计 [D]. 杭州：浙江大学，2014.

[23] 邱斌斌. 多轮独立电驱动车辆驱动力分层控制策略 [D]. 杭州：浙江大学，2015.

[24] 马浩军. 电动汽车电子差速控制系统研究 [D]. 杭州：浙江大学，2016.

[25] 林鼎. 四轮驱动电动汽车操纵稳定性控制研究 [D]. 杭州：浙江大学，2017.

[26] 谢博臻. 轮毂电机制动能量回收仿真及试验研究 [D]. 杭州：浙江大学，2017.

[27] 方子东. 电动客车分布式驱动控制系统研究 [D]. 杭州：浙江大学，2018.

[28] 梁志伟. 电动汽车轮边四驱系统设计研究 [D]. 杭州：浙江大学，2018.

[29] 王燕然. 分布式驱动电动汽车复合制动系统设计 [D]. 杭州：浙江大学，2019.

[30] 杨兴浩. 考虑差动辅助转向的分布式四驱控制策略设计 [D]. 杭州：浙江大学，2020.

[31] 王志威. 分布式电驱动车辆状态及参数联合估算研究 [D]. 杭州：浙江大学，2020.

[32] 傅琪涛. 分布式电驱动客车稳定性控制系统设计 [D]. 杭州：浙江大学，2021.

[33] 蒋德志. 电动汽车分布式驱动控制器硬件在环测试研究 [D]. 杭州：浙江大学，2021.

[34] 卢书林. 轮边后驱电动客车分布式制动控制策略研究 [D]. 杭州：浙江大学，2021.

[35] 江旭东. 六轮独立电驱动无人车辆差动转向控制策略设计 [D]. 杭州：浙江大学，2021.

[36] 叶星宇. 基于分布式驱动电动汽车的轨迹跟踪控制算法设计 [D]. 杭州：浙江大学，2022.

[37] 陈朝鑫. 基于整车在环测试的分布式驱动电动汽车紧急避撞策略研究 [D]. 杭州：浙江大学，2022.

天津天海轮毂电机科技有限公司

　　天津天海轮毂电机科技有限公司（THIM）成立于 2021 年 3 月，致力于先进轮毂电机、分布式驱动控制系统、滑板底盘等相关技术产品的研发、生产和销售。同年 6 月，THIM 成立仪式暨中国轮毂电机产业化研讨会在天津召开，近 100 位汽车行业的专家学者与会，共襄盛举，擘画未来。

　　THIM 的核心团队有着七年的轮毂电机研发、国际并购的经历，董事长吕超先生在轮毂电机界享有盛誉，先后投资了全球先进乘用车轮毂电机公司——英国的 Protean，全资收购了先进商用车轮毂电机公司——荷兰的 e-Traction。

　　七年的国际先进技术并购消化吸收、国内产学研创新研发，形成了 THIM 在轮毂电机领域完全自主的知识产权体系，包括高密度轮毂电机技术，智能化分布式驱动控制技术，高效制动能量回收技术，轻量化车桥总成技术，轮毂电机与制动、转向、悬架系统深度集成技术等，构成了 THIM 完整的技术体系。THIM 目前拥有几十项关键技术专利，分布于轮毂电机、电机控制器、驱动桥总成、分布式驱动 / 制动控制等领域。

　　THIM 主要专注于轮内直驱技术，轮内直驱拥有最高的从电池到轮端的能量转换效率、高可靠性、高寿命、免维护、即时响应、更快制动，产品最适合于自动驾驶以及滑板底盘。THIM 拥有的这一系列技术实际上就构成了一个智能高效的滑板底盘。

THIM 目前的轮毂电机产品包括商用车轮毂电机和乘用车轮毂电机两大平台，适用于 22.5 寸及 20 寸轮胎。其中，产品 T115、T130 覆盖了商用车（重卡、中卡、轻卡、客车、专用车等），产品 T15 覆盖了乘用车（SUV、D 级、C 级、B 级）。

THIM 致力于产品的高品质、高可靠性及完美的客户体验，拥有数十项专业测试及多年的国内外轮毂电机相关产品工程应用推广经验，可以随时为客户提供高性能的成熟产品及定制化工程服务。

THIM 拥有全系统的轮毂电机技术，能提供驱动、制动、转向等多功能深度集成的产品，将全力参与并推动先进轮毂电机技术在国内的应用及跨越式发展。

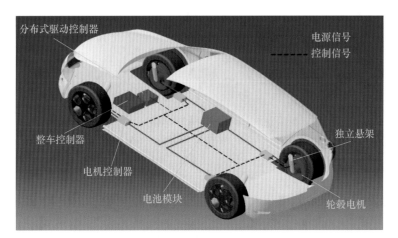

图 1-4　分布式四驱系统结构

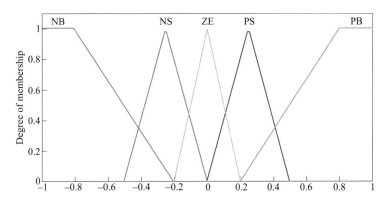

图 3-4　横摆角速度误差 e_ω 隶属度函数

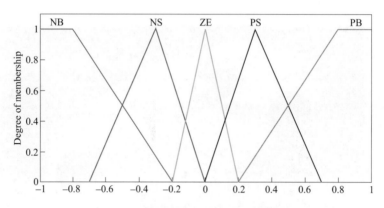

图 3-5　质心侧偏角误差 e_β 隶属度函数

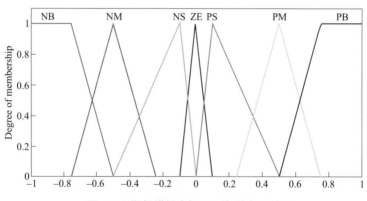

图 3-6　期望横摆力矩 M_{zd} 隶属度函数

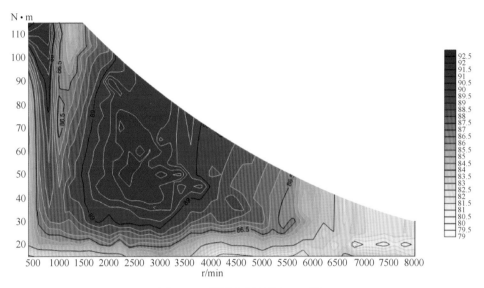

图 3-10　轮毂电机效率 MAP 图

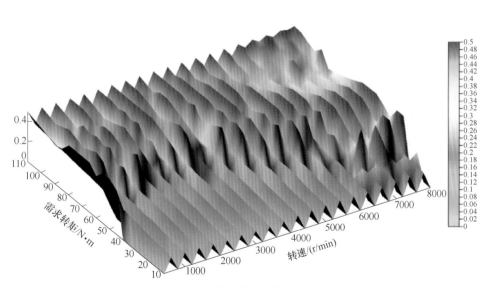

图 3-12　转矩分配系数 MAP 图

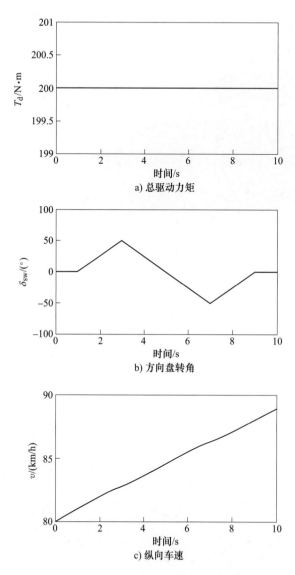

图 6-11 基于稳定性的分布式驱动控制仿真结果

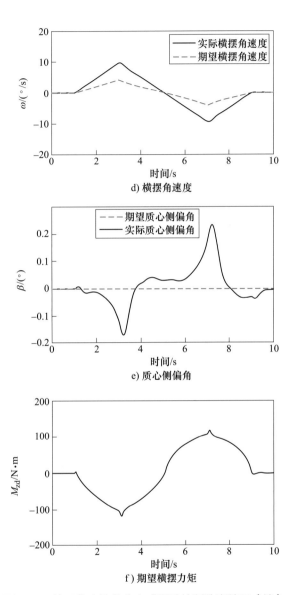

d) 横摆角速度

e) 质心侧偏角

f) 期望横摆力矩

图 6-11 基于稳定性的分布式驱动控制仿真结果（续）

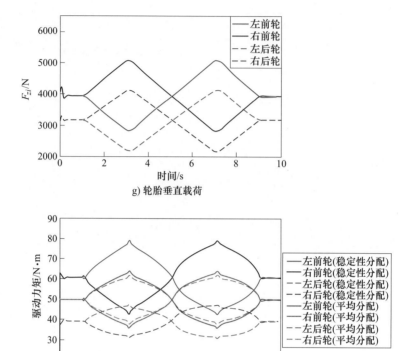

g) 轮胎垂直载荷

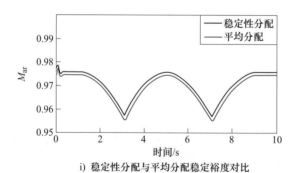

h) 稳定性分配与平均分配各轮驱动力矩对比

i) 稳定性分配与平均分配稳定裕度对比

图 6-11　基于稳定性的分布式驱动控制仿真结果（续）

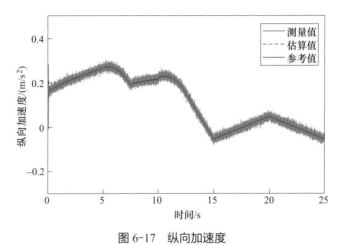

图 6-17　纵向加速度

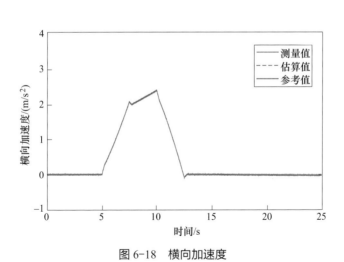

图 6-18　横向加速度

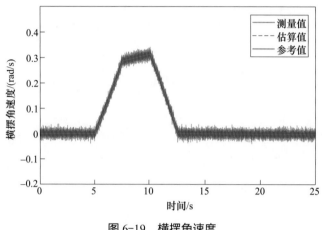

图 6-19　横摆角速度

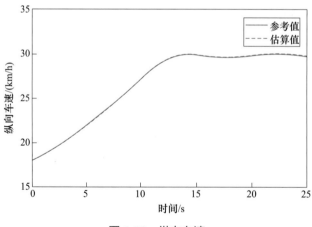

图 6-20　纵向车速

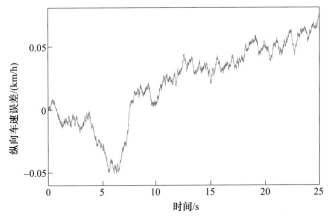

图 6-21　纵向车速误差

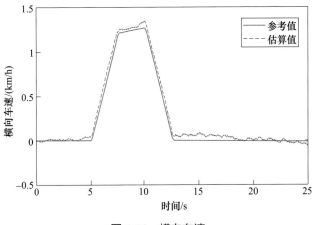

图 6-22　横向车速

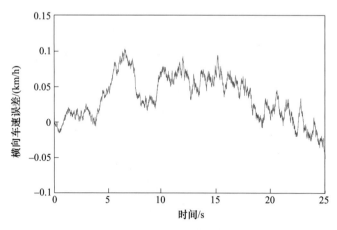

图 6-23 横向车速误差

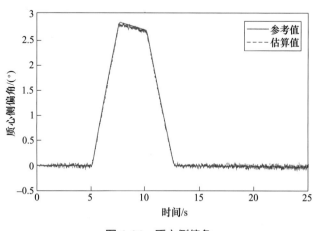

图 6-24 质心侧偏角

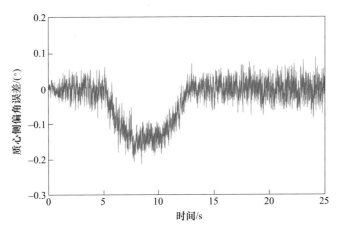

图 6-25　质心侧偏角误差

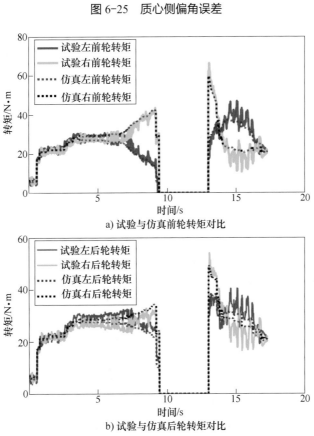

a) 试验与仿真前轮转矩对比

b) 试验与仿真后轮转矩对比

图 6-28　"新火 3 号"试验与仿真对比结果

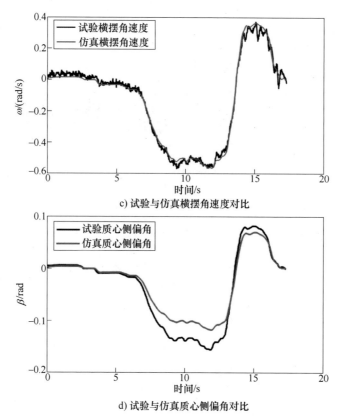

c) 试验与仿真横摆角速度对比

d) 试验与仿真质心侧偏角对比

图 6-28 "新火 3 号"试验与仿真对比结果（续）